KARLHEINZ RODE

Die Ausfertigung der Bundesgesetze

Schriften zum Öffentlichen Recht

Band 78

Die Ausfertigung der Bundesgesetze

Von

Dr. Karlheinz Rode

DUNCKER & HUMBLOT / BERLIN

Alle Rechte vorbehalten
© 1968 Duncker & Humblot, Berlin 41
Gedruckt 1968 bei Berliner Buchdruckerei Union GmbH., Berlin 61
Printed in Germany

Vorwort

Die vorliegende Schrift wurde von mir im März 1966 abgeschlossen und im Juni desselben Jahres von der juristischen Fakultät der Ruhr-Universität Bochum als Dissertation angenommen. Die Darstellung ist im wesentlichen unverändert geblieben. Gegenüber dem bereits im Juli 1966 erschienenen Dissertations-Druck konnte jedoch die wichtigste in der Zwischenzeit erschienene Literatur in den Anmerkungen noch verarbeitet werden.

Das gilt insbesondere für den in der Festschrift für Gerhard Leibholz erschienenen umfassenden Aufsatz Ernst Friesenhahns „Zum Prüfungsrecht des Bundespräsidenten", der in seinen Argumentationen meinen Darlegungen zu einem nicht geringen Teil entspricht.

Angeregt wurde die Untersuchung von meinem verehrten Lehrer, Herrn Prof. Dr. Wilhelm Wertenbruch, der mir bei ihrer Abfassung immer mit Rat und Tat zur Seite gestanden hat. Dafür und für sein großes menschliches Verständnis möchte ich ihm an dieser Stelle sehr herzlich danken.

Mein Dank gilt darüber hinaus Herrn Ministerialrat a. D. Dr. Johannes Broermann, der die Veröffentlichung der Arbeit durch die Aufnahme in sein Verlagsprogramm ermöglichte.

Bochum, im März 1968

Karlheinz Rode

Inhaltsverzeichnis

Einleitung   11

Erster Teil

Der Begriff der Ausfertigung im formellen Sinne

§ 1 Die Ausfertigung als Herstellung der Gesetzesurkunde 15
§ 2 Die Stellung der Ausfertigung im Gesetzgebungsverfahren 21
§ 3 Die Ausfertigung als Gesetzeserklärung 31
§ 4 Die an der Ausfertigung beteiligten Organe 32
Zusammenfassung 35

Zweiter Teil

Der Begriff der Ausfertigung im materiellen Sinne

§ 5 Das Gebot des Art. 82 GG 36
§ 6 Geschichtliche Entwicklung und Übersicht über die Literatur 39
§ 7 Die rechtsmethodische Behandlung der Frage 47
§ 8 Die Prüfungsbefugnis des Bundespräsidenten 49
    1. Die Wortinterpretation 49
    2. Die logische Interpretation 51
    3. Die systematisch-teleologische Interpretation 59
       a) Der qualitative Unterschied zwischen formeller und materieller Prüfungsbefugnis 59
       b) Die staatsrechtliche Stellung des Bundespräsidenten 63
       c) „Hüter der Verfassung" und „pouvoir neutre" 68
       d) Die Prüfungsbefugnis des Bundespräsidenten bei Ernennungen 78

e) Das Bundesverfassungsgericht als „pouvoir neutre" 81
f) Die tatsächliche Prüfungsmöglichkeit 87
4. Ergebnis 88
§ 9 Die Prüfungsbefugnis der gegenzeichnenden Regierungsmitglieder .. 89
§ 10 Die Pflicht zur Prüfung 94
Zusammenfassung 96

Dritter Teil

Die Pflicht zur Ausfertigung und zur Gegenzeichnung

§ 11 Die Verweigerung der Ausfertigung durch den Bundespräsidenten 98
§ 12 Die Verweigerung der Gegenzeichnung 100

Literaturverzeichnis 102

Abkürzungsverzeichnis

a. A.	=	anderer Ansicht
A. F.	=	Alte Folge
AöR	=	Archiv für öffentliches Recht, Tübingen
BBG	=	Bundesbeamtengesetz
BGBl.	=	Bundesgesetzblatt
BK	=	Bonner Kommentar
BVerfGE	=	Entscheidungen des Bundesverfassungsgerichts
BVerfGG	=	Bundesverfassungsgerichtsgesetz
CDU	=	Christlich Demokratische Union
CSU	=	Christlich Soziale Union
Diss.	=	Dissertation
DJZ	=	Deutsche Juristenzeitung
DÖV	=	Die öffentliche Verwaltung, Stuttgart und Köln
DV	=	Deutsche Verwaltung, Hamburg
DVBl.	=	Deutsches Verwaltungsblatt, Köln und Berlin
Erl.	=	Erläuterung(en)
FGG	=	Gesetz über die Angelegenheiten der freiwilligen Gerichtsbarkeit
GBO	=	Grundbuchordnung
GG	=	Grundgesetz für die Bundesrepublik Deutschland
GOBReg.	=	Geschäftsordnung der Bundesregierung vom 11. 5. 1951
GOBT	=	Geschäftsordnung des Bundestages
GGO II	=	Gemeinsame Geschäftsordnung der Bundesministerien bes. Teil vom 1. 8. 1958
HChE darst. T.	=	Bericht über den Verfassungskonvent auf Herrenchiemsee, darstellender Teil
HdbDStR I, II	=	Handbuch des Deutschen Staatsrechts, herausgegeben von Gerhard Anschütz und Richard Thoma, Tübingen 1930 und 1932, 2 Bände
h. L.	=	herrschende Lehre

JöR	=	Jahrbuch des öffentlichen Rechts, Tübingen
JUS	=	Juristische Schulung, München, Berlin, Frankfurt
JW	=	Juristische Wochenschrift
JZ	=	Juristenzeitung, Tübingen
N. F.	=	Neue Folge
NJW	=	Neue Juristische Wochenschrift, München und Berlin
OVG	=	Oberverwaltungsgericht
PlenStenBer.	=	Verhandlungen des Plenums des Parlamentarischen Rates
Rdnr.	=	Randnummer
RG	=	Reichsgericht
RV	=	Reichsverfassung von 1871
SPD	=	Sozialdemokratische Partei Deutschlands
Sten. Pr.	=	Stenographische Protokolle
Sten. Ber.	=	Stenographische Berichte
StPO	=	Strafprozeßordnung
T.	=	Tome
VA	=	Verwaltungsarchiv, Berlin
VerwRspr.	=	Verwaltungsrechtsprechung in Deutschland, München und Berlin
Vorbem.	=	Vorbemerkung
WV	=	Weimarer Verfassung
ZPO	=	Zivilprozeßordnung

Einleitung

Das Thema der vorliegenden Untersuchung ist — zumindest seit Inkrafttreten der ersten Reichsverfassung — ganz allgemein Gegenstand nicht weniger wissenschaftlicher Erörterungen gewesen. Es drängt sich daher die Frage auf, warum der Fülle der Literatur noch eine weitere Schrift hinzugefügt werden soll.

Die immer wieder erörterte Frage, welche Prüfungsbefugnis dem Kaiser, dem Reichspräsidenten oder dem Bundespräsidenten im Zusammenhang mit der Ausfertigung eines von Reichs- oder Bundestag beschlossenen Gesetzes zustand und zusteht, schien bereits früher und scheint auch heute wieder für den Geltungsbereich des Grundgesetzes von einer „herrschenden Lehre" mit letzter Klarheit beantwortet zu sein. In der Tat gibt es zur Zeit nur wenige Autoren, die entgegen dieser „herrschenden Lehre" eine umfassende sogenannte formelle und materielle Prüfungsbefugnis des Bundespräsidenten nicht anerkennen, sondern ihm lediglich die zur Nachprüfung der formellen Verfassungsmäßigkeit, d. h. der Vereinbarkeit des Gesetzes mit den Verfahrensvorschriften des Grundgesetzes zugestehen. Die verfassungsrechtliche Frage scheint also wissenschaftlich geklärt, die Gegner der „herrschenden Lehre" scheinen mit überzeugenden Argumenten widerlegt zu sein.

In Anbetracht dieser Situation in der Staatsrechtslehre müßte man nun vermuten, daß auch der verfassungsrechtliche Begriff der „Ausfertigung" bzw. des „Ausfertigens" seinem Inhalt nach klar und eindeutig — und vor allem einmütig — definiert sei. Um so erstaunter ist man, wenn man in der Literatur auch bei denjenigen Autoren, die auf dem Boden der herrschenden Lehre zu stehen scheinen, eine Fülle verschiedenartiger Begriffsbestimmungen findet, die sich inhaltlich zwar nahekommen, bei genauerer Betrachtung aber nicht unwesentlich voneinander abweichen. Schon diese Feststellung wirft den Verdacht auf, daß der „Boden" dieser herrschenden Lehre unter Umständen doch weniger fest gefügt sein könnte, als es vielleicht den Anschein hat.

Die Skepsis wird durch einen zweiten auffälligen Punkt bestärkt: Betrachtet man nur ganz oberflächlich das Hauptargument der Vertreter der herrschenden Lehre, die die formelle und materielle Prüfungsbefugnis des Bundespräsidenten bejahen, so fällt eines sogleich auf: Das Argument besagt im wesentlichen, daß die begriffliche Unterscheidung zwischen formeller einerseits und materieller Verfassungswidrig- bzw. -mäßigkeit andererseits überhaupt unsinnig sei, weil materielle Verfassungswidrigkeit logischerweise immer auch die formelle einschließe. Noch bevor man das Argument auf seine Stichhaltigkeit untersucht, wird man sogleich stutzig, wenn man feststellt, daß fast alle diejenigen Autoren, die sich seiner bedienen, dennoch immer wieder von „materieller" und „formeller" Verfassungsmäßigkeit sprechen und auch in ihren Ergebnissen trotz der oben angeführten Argumentation ausdrücklich sowohl die „materielle" als auch die „formelle" Prüfungsbefugnis des Bundespräsidenten bejahen. Unterstellt man die Stichhaltigkeit des Arguments, tritt zumindest die rein sprachlich begriffliche Inkonsequenz der Vertreter dieser Lehre zu Tage.

Die anfängliche leise Skepsis wird aber nun zum Zweifel an der generellen Richtigkeit des Arguments und damit der Richtigkeit der „herrschenden Lehre" überhaupt. Wenn nämlich die begriffliche Unterscheidung von „formeller" und „materieller" Verfassungswidrigkeit bzw. -mäßigkeit tatsächlich unlogisch ist, fällt sofort auch die (angebliche) „Unlogik" des Grundgesetzgebers auf, der selbst in Art. 93 Abs. 1 Nr. 2 GG von der „förmlichen *und* sachlichen Vereinbarkeit von Bundesrecht oder Landesrecht mit dem Grundgesetz" spricht oder auch die des Bundesverfassungsgerichts, das in seiner Entscheidung vom 30. Juli 1958[1] ausdrücklich feststellt, daß das „Normenkontrollverfahren ... nicht nur der Prüfung dient, ob der normative Gehalt eines Gesetzes *inhaltlich*[2] mit einer Norm des Grundgesetzes vereinbar ist ..., sondern vielmehr auch Meinungsverschiedenheiten über die *förmliche*[2] Vereinbarkeit des Gesetzes mit dem Grundgesetz umfaßt".

Ein bezeichnendes Beispiel bietet insbesondere Maunz: Im Kommentar von Maunz-Dürig[3] wird allein das oben genannte Argument als das entscheidende für die umfassende Prüfungsbefugnis des Bundespräsidenten herausgestellt, in seinem Lehrbuch[4] spricht Maunz im Zusammenhang mit der Zuständigkeit des Bundesverfassungsgerichts von „Meinungsverschiedenheiten oder Zweifeln über die förmliche oder sachliche Vereinbarkeit von Bundesrecht oder von Landesrecht mit dem Grundgesetz ...", ohne auch nur andeutungsweise auf diese (nach seiner Ansicht) begriffliche „Unlogik" hinzuweisen. Ebenso heißt es an anderer Stelle[5]: „Die *materielle* und *formelle*[6] Verfassungsmäßigkeit der Gesetzgebung ist ein dem rechtsstaatlichen Verfassungsdenken wesensmäßig innewohnendes Element."

---

[1] BVerfGE Bd. 8, S. 110.
[2] Hervorhebung vom Verfasser.
[3] a.a.O., Rdnr. 2 zu Art. 82.
[4] a.a.O., S. 247.
[5] a.a.O., S. 285.
[6] Hervorhebung vom Verfasser.

Betrachtet man nur diese wenigen beispielhaft herangezogenen Unklarheiten, so geben sie — von generellen Zweifeln einmal abgesehen — zumindest Anlaß, die ganze Problematik noch einmal zu überdenken und die Frage zu stellen, ob insbesondere das oben genannte scheinbar entscheidende Argument in der Tat so stichhaltig ist, wie es auf den ersten Blick erscheinen mag. Falls es nämlich mit der angeblichen Unlogik der begrifflichen Unterscheidung von materieller und formeller Verfassungsmäßig- bzw. -widrigkeit gar nicht so weit her sein sollte, wäre damit der die formelle und materielle Prüfungsbefugnis des Bundespräsidenten bejahenden Lehre ihr wichtigster Stützpfeiler[7] entzogen. Die Überprüfung der übrigen von dieser Lehre herangezogenen Argumente würde dann unerläßlich.

Hinsichtlich dieser Argumente kommt folgendes hinzu: Es fällt auf, daß sie überwiegend von der Lehre zu dem dem Art. 82 GG entsprechenden Art. 70 WV übernommen worden sind und daß nur selten die Frage gestellt wird, wie weit diese Lehre in Anbetracht der veränderten Stellung des deutschen Staatsoberhaupts überhaupt noch geeignet ist, für den Bereich des Grundgesetzes Gültiges auszusagen. Wenn von Mangoldt z. B. (allerdings bereits im Jahre 1950) meint[8], die Funktionen des Bundespräsidenten ließen „als tragenden Gedanken klar hervortreten, daß der Bundespräsident *Hüter und Wahrer der Verfassung* sein solle" und er die materielle Prüfungsbefugnis mit einem Satz und einem Hinweis auf Anschütz bejaht[9], so drängt sich der Verdacht auf, daß sich hier Gedanken- und Lehrgut aus der Weimarer Zeit eingeschlichen hat, ohne daß ernsthaft untersucht worden ist, ob es heute noch dem geltenden Recht entspricht. Mit den weiteren Ausführungen soll versucht werden zu zeigen, wie sehr dieser Verdacht gerade im Zusammenhang mit der Lehre zu Art. 82 GG berechtigt ist.

Kernpunkt dieser Schrift wird also nochmals die Frage nach dem Umfang der Prüfungsbefugnis des Bundespräsidenten bei der Ausfertigung der Bundesgesetze sein. Es wird sich zeigen, daß die heute herrschende Lehre der Korrektur bedarf, weil sie weitgehend auf Gedankengut der Weimarer Zeit zurückzuführen ist und übersieht, daß mit dem Inkrafttreten des Grundgesetzes, insbesondere hinsichtlich der Beteiligung des Staatsoberhaupts an der Gesetzgebung, eine Zäsur erfolgt ist, die jene alten Lehren in einem völlig anderen Licht erscheinen läßt. Gerade die Auseinandersetzung mit dem oben erwähnten „Hauptargument" der herrschenden Lehre soll deutlich machen, daß dieses seinen spezifischen gedanklichen Hintergrund in der Staatsrechtslehre und Staatspraxis der

---
[7] Manche Autoren ziehen heute sogar ausschließlich dieses Argument heran: z. B. *Maunz-Dürig*, a.a.O., Rdnr. 2 zu Art. 82.
[8] a.a.O., S. 67.
[9] a.a.O., S. 66.

Weimarer Zeit hatte und wegen der durch das Grundgesetz herbeigeführten Änderung heute keine Gültigkeit mehr besizt. Dazu ist es aber erforderlich, die gesamte im Zusammenhang mit Art. 82 GG auftauchende Problematik noch einmal aufzurollen.

Erster Teil

Der Begriff der Ausfertigung im formellen Sinne

§ 1 Die Ausfertigung als Herstellung der Gesetzesurkunde

Art. 82 Abs. 1 Satz 1 GG schreibt vor, daß „die nach den Vorschriften des Grundgesetzes zustandegekommenen Gesetze vom Bundespräsidenten nach Gegenzeichnung ausgefertigt und im Bundesgesetzblatte verkündet werden".

Die Vorschrift ist der letzte Artikel im Abschnitt VII des Grundgesetzes, der die Gesetzgebung des Bundes behandelt (Art. 70—82 GG). Sie bezeichnet offenbar zwei den Gesetzgebungsweg abschließende Vorgänge, an denen kraft ausdrücklicher Zuweisung der Bundespräsident und — wegen der Gegenzeichnung — die Bundesregierung beteiligt sind. Substantivisch spricht man von diesen Vorgängen als „Ausfertigung" und „Verkündung" eines Gesetzes.

Fragt man nach der Rechtsnatur der „Ausfertigung" bzw. des „Ausfertigens", so findet man in der Literatur eine Reihe unterschiedlicher Definitionen, die ihrem Inhalt nach zum Teil nicht unwesentlich voneinander abweichen. Das bedeutet nicht, daß sämtliche Begriffsbestimmungen einander widersprechen, vielmehr, daß — abgesehen von Fällen tatsächlicher Widersprüchlichkeit — die Terminologie einmal enger gefaßt, ein anderes Mal umfassender gehalten ist. Zwar läßt diese Tatsache nicht ohne weiteres darauf schließen, daß eine Klärung der Rechtsnatur der Ausfertigung in der Rechtslehre bisher nicht erfolgt ist, sie trägt aber sicherlich nicht dazu bei, allgemeine Klarheit zu schaffen und eine prägnante Definition in Lehre und Praxis zu manifestieren, an der — jedenfalls für das gegenwärtige positive Recht — nicht zu rütteln ist.

Zur Verdeutlichung sei beispielhaft auf folgende Definitionen in der Literatur zum Grundgesetz hingewiesen:

a) „Ausfertigung bedeutet die *Bekundung* (und Beurkundung), daß der zur Verkündung bestimmte Gesetzestext *verfassungsmäßig zustandegekommen ist*"[1] oder „die Beurkundung, daß der zur Verkündung bestimmte Gesetzestext nach den Vorschriften des Grundgesetzes rechtsgültig zustandegekommen ist"[2].

---
[1] *Maunz-Dürig*, a.a.O., Rdnr. 1 zu Art. 82.

b) „Die Ausfertigung, d. h. Unterzeichnung der Originalurkunde des Gesetzes; ... hiermit wird zugleich der Abschluß des Gesetzgebungsverfahrens bescheinigt[3]."

c) „Unter Ausfertigung versteht man die unterschriftliche Vollziehung des Gesetzestextes[4]."

d) „Unter der Ausfertigung eines Gesetzes wird die *Ausstellung der Gesetzesurkunde* verstanden. Dazu gehört die urkundliche Feststellung durch die verfassungsmäßig berufenen Organe, daß der Inhalt der unterzeichneten Urkunde ein Gesetz ist und daß dieses Gesetz verfassungsmäßig[5] zustandegekommen ist, ferner daß der Inhalt der Urkunde mit dem vom Landtag[6] gefaßten Gesetzesbeschluß übereinstimmt[7]."

Die Literatur zur Weimarer Reichsverfassung gibt u. a. folgende Begriffsbestimmungen:

a) „Ausfertigung bedeutet zunächst Unterzeichnung mit Beifügung des für die spätere Bezeichnung des Gesetzes maßgebenden Datums ... Die Unterschrift (des Reichspräsidenten) enthält zugleich die Bezeugung des verfassungsmäßigen Zustandekommens des Gesetzes[8]."

b) „Es empfiehlt sich ... den Terminus Ausfertigung als die Constatirung, Beurkundung und Publicationsanordnung des Gesetzes umfassend zu gebrauchen[9]."

c) „Ausfertigung heißt mit öffentlich rechtlicher Wirksamkeit beurkunden[10]."

Schon diese Beispiele aus der jüngeren und älteren Literatur zeigen, daß der Begriff „Ausfertigung" in unterschiedlichem Sinne gebraucht wird. Die Definitionen von Hamann und Maunz bezeichnen z. B. in erster Linie ein faktisches Handeln, wenn sie von „unterzeichnen" und „vollziehen" sprechen, Maunz in Maunz-Dürig, Herrfahrdt, Georg und Walter Jellinek sowie das Oberverwaltungsgericht Münster legen in ihren Definitionen das Gewicht stärker auf den Inhalt einer Gedankenerklärung, die die „Ausfertigung" offenbar enthält.

Die Begriffsbestimmungen weisen aber auch Widersprüchlichkeiten auf, die geeignet sind, Unklarheit und Mißverständnisse zu schaffen. Wenn z. B. Hamann und ähnlich Walter Jellinek von der „Unterzeich-

---

[2] *Herrfahrdt* in BK, Erl. II 1 zu Art. 82.
[3] *Hamann*, a.a.O., Erl. 2 zu Art. 82.
[4] *Maunz*, a.a.O., S. 210.
[5] Im Text heißt es „vertragsmäßig". Dabei handelt es sich aber offensichtlich um einen Druckfehler.
[6] Die Entscheidung bezog sich auf ein Landesgesetz.
[7] OVG Münster in VerwRspr. Bd. 12, S. 426.
[8] W. *Jellinek* in HdbDStR II, S. 177.
[9] G. *Jellinek*, Gesetz, S. 321.
[10] *Anschütz*, a.a.O., Anm. 1 zu Art. 70.

§ 1 Die Ausfertigung als Herstellung der Gesetzesurkunde 17

nung der Originalurkunde" des Gesetzes als Ausfertigung sprechen, so kann man das so verstehen, daß eine — offenbar bereits vorhandene — Originalurkunde vom Staatsoberhaupt unterzeichnet wird. Demgegenüber spricht z. B. das Oberverwaltungsgericht Münster vom „Ausstellen" der Gesetzesurkunde, also der Schaffung, der Herstellung einer — bis zu diesem Zeitpunkt noch nicht vorhandenen — Gesetzesurkunde.

Abgesehen von solchen Widersprüchen sind auch einige der oben genannten Definitionen derart unklar, daß man sie kaum als „Begriffsbestimmungen" bezeichnen kann. Was z. B. Maunz mit der „unterschriftlichen Vollziehung des Gesetzestextes" meint, dürfte schwer zu ergründen sein. Ebenso sagt Anschütz kaum etwas aus, wenn er meint, Ausfertigung heiße, mit öffentlich-rechtlicher Wirksamkeit beurkunden.

Diese wenigen Beispiele machen deutlich, daß — zumindest terminologisch — bisher kaum Klarheit hinsichtlich der Rechtsnatur der Ausfertigung geschaffen worden ist.

Der Begriff „ausfertigen" ist im Grundgesetz anscheinend vorausgesetzt, denn man sucht vergeblich nach einer Definition, die die Vorstellung des Gesetzgebers über den begrifflichen Inhalt des Wortes zum Ausdruck bringt. Wenn aber eine authentische Wortinterpretation fehlt, muß der Verfassungsgesetzgeber eine mehr oder weniger bestimmte Vorstellung von dem Begriff gehabt haben.

Vom allgemeinen — außerjuristischen — Sprachgebrauch her ist dem Wort kaum beizukommen. So geläufig und bekannt die Begriffe „ausfertigen" und „Ausfertigung" auch dem Nichtjuristen sind, er benutzt sie kaum in einem bestimmten Zusammenhang und konkreten Sinne. Außerhalb der Rechtsprache haben sie keinen klar umrissenen Aussagewert. Der Wortteil „fertigen" deutet zwar auf eine Tätigkeit hin, bei der irgendetwas „gefertigt", d. h. ge- oder erschaffen wird (bei ihm kennt der allgemeine Sprachgebrauch auch spezifische Anwendungen). Die Unklarheit schafft aber die Vorsilbe „aus", die dem Wortteil „fertigen" eine eigenartige verdunkelnde Wendung gibt. Es bleibt daher nur die Möglichkeit, den Begriff aus der Rechtssprache heraus zu klären.

Hier muß zunächst auf eines hingewiesen werden: Der Begriff „Ausfertigung" wird — rein sprachlich — in doppeltem Sinne gebraucht: Unter „Ausfertigung" versteht man einmal eine *Sache*, nämlich ein bestimmtes Schriftstück (etwa die zweite, dritte, vierte Ausfertigung einer Urkunde), zum anderen ein bestimmtes *Tun* im Sinne der Substantivierung des Verbums „ausfertigen" (Ausfertigung als Tätigkeit). Um keine Unklarheiten aufkommen zu lassen, sei hier darauf hingewiesen, daß diese Untersuchung nur dem letzteren Begriff gilt.

Wenn oben (S. 15) darauf hingewiesen wurde, daß in der Literatur das Wort „Ausfertigung" in unterschiedlichem Sinne gebraucht wird, so

2 Rode

zeigen sich hier bereits zwei Aspekte des Begriffs, die zunächst klar voneinander getrennt und für sich untersucht werden können (und müssen): Unter „Ausfertigung" und „ausfertigen" wird einmal die „Unterzeichnung der Originalurkunde" oder die „Austellung der Gesetzesurkunde" oder die „unterschriftliche Vollziehung des Gesetzestextes", also ein faktischer Vorgang, eine Handlung, ein bestimmtes Tun verstanden, wobei die Handelnden der Bundespräsident und — wegen der Gegenzeichnung — die Bundesregierung sind.

Hier liegt bereits eine rein äußerliche grobe Begriffsbestimmung: Unter Ausfertigung bzw. ausfertigen ist eine ganz bestimmte Handlung, ein Tun eines oder mehrerer Staatsorgane zu verstehen. Art und Wesen dieser Handlung müssen zunächst dahingestellt bleiben.

Die entsprechende Fragestellung würde lauten: Was bedeutet „Ausfertigung" bzw. „ausfertigen" im Staatsrecht rein faktisch? Oder konkreter: Welche (wie geartete) Handlung, welches faktische Tun bezeichnet man im Gesetzgebungsverfahren nach dem Grundgesetz als „Ausfertigung"? Dies ist der eine Aspekt des Begriffs. Man kann ihn als den „Begriff der Ausfertigung im formellen Sinne" bezeichnen.

Darüber hinaus sprechen nun einige der oben (S. 15 und 16) angeführten Autoren von der Ausfertigung als „Beurkundung des verfassungsmäßigen Zustandekommens eines Gesetzes" oder einem „den Abschluß des Gesetzgebungsverfahrens bescheinigenden Vorgang". Hier wird wesentlich mehr ausgesagt: In der Handlung des Staatsorgans, das ausfertigt, liegt eine bestimmte gedankliche Erklärung des Organträgers. Die Ausfertigung ist offenbar also mehr als eine Handlung im faktischen Sinne ohne Aussagewert. In ihr liegt eine Gedankenäußerung.

Welchen Inhalt diese Gedankenäußerung hat, versuchen nun diejenigen Autoren, welche die umfassendere Begriffsbestimmung geben, mit in ihre Definition hineinzunehmen.

Die entsprechende Fragestellung würde hier lauten: Welchen gedanklichen Inhalt hat die Ausfertigung als eine einen bestimmten Gedanken zum Ausdruck bringende Handlung? Das ist der andere Aspekt des Begriffs der Ausfertigung. Man kann ihn als den „Begriff der Ausfertigung im materiellen Sinne" bezeichnen.

Nun ist es bisher allerdings weder erwiesen, daß es sich bei der Ausfertigung tatsächlich im faktischen Sinne um eine Handlung handelt, noch daß diese Handlung eine Gedankenäußerung enthält. Ausgegangen war allein von den bisher in der Rechtslehre gegebenen Definitionen, so daß allenfalls feststeht, daß die Rechtsnatur des zu untersuchenden Begriffs biher jedenfalls unter diesen zwei Aspekten betrachtet worden ist. Ob die Ausfertigung wirklich eine Gedankenerklärung enthält und welchen gedanklichen Inhalt sie gegebenenfalls äußert, kann an dieser Stelle nicht entschieden werden.

§ 1 Die Ausfertigung als Herstellung der Gesetzesurkunde 19

Unterstellt man aber, daß in der Ausfertigung eine Gedankenerklärung liegt (was weder zweifelhaft ist noch angezweifelt wird), und geht man außerdem von der sich klar aus Art. 82 GG ergebenden Tatsache aus, daß Ausfertigung im faktischen Sinne ein Tun bedeutet, so steht damit fest, daß die beiden verschiedenen Aspekte des Begriffes Ausfertigung (der der Ausfertigung im formellen und der im materiellen Sinne) bei einer Untersuchung zunächst herausgestellt und getrennt voneinander erörtert werden müssen, was natürlich nicht ausschließt, daß sie — wenn eine umfassende Begriffsbestimmung gefunden ist — sprachlich in einer einzigen Definition zusammengefaßt werden können[11].

Die erste Frage lautet also: Was bedeuten in der Rechtssprache die Begriffe „Ausfertigung" bzw. „ausfertigen" rein faktisch? Für die Auslegung bietet sich hier das Mittel der historischen Methode an, denn der Begriff taucht sowohl im älteren deutschen Verfassungsrecht als auch in anderen Gesetzen auf.

Im Verfassungsrecht findet er sich in den dem Art. 82 GG entsprechenden Vorschriften des Art. 70 WV[12] und des Art. 17 RV[13]. Darüber hinaus gibt es ihn in der Zivilprozeßordnung[14], im Gerichtskostengesetz[15], im Gesetz über die Angelegenheiten der freiwilligen Gerichtsbarkeit[16], in der Grundbuchordnung[17] sowie der Strafprozeßordnung[18], wo an verschiedenen Stellen von der Ausfertigung einer gerichtlichen Entscheidung (z. B. eines Urteils, eines Erbscheins) die Rede ist.

Was die Zivilprozeßordnung unter „Ausfertigung" bzw. „ausfertigen" versteht, ist ihr selbst unschwer zu entnehmen. „Ausfertigen" bedeutet hier das Herstellen der im Rechtsverkehr an die Stelle der beim Gericht verbleibenden Urschrift tretenden *Abschrift* oder von *Teilabschriften* der Gerichtsentscheidung[19]. Spricht man im Zivilprozeß also von einem Schriftstück als „Ausfertigung", so handelt es sich hierbei niemals um die Originalurkunde, sondern nur um eine Abschrift, die jedoch als Ur-

---

[11] Vgl. z. B. *Hallier*, a.a.O., S. 393: „Unter der Ausfertigung ist die Unterzeichnung der Originalurkunde eines Gesetzes durch den Bundespräsidenten zu verstehen, die den Abschluß des Gesetzgebungsverfahrens und zugleich die wörtliche Übereinstimmung der Originalurkunde des Gesetzes mit dem vom Bundestag beschlossenen Gesetzestext sowie das verfassungsmäßige Zustandekommen des Gesetzes beurkundet".
[12] Art. 70 WV: Der Reichspräsident hat die verfassungsmäßig zustandegekommenen Gesetze auszufertigen und binnen Monatsfrist im Reichsgesetzblatt zu verkünden.
[13] Art. 17 RV: Dem Kaiser steht die Ausfertigung und Verkündung der Reichsgesetze und die Überwachung der Ausführung derselben zu.
[14] §§ 170, 317, 724, 797.
[15] z. B. § 71.
[16] §§ 85, 182, 184 Abs. 2.
[17] § 35.
[18] § 275.
[19] Vgl. z. B. §§ 170, 317 ZPO.

kunde die Übereinstimmung mit dem Original bescheinigt und deshalb rechtlich dem Original fast völlig gleichgestellt ist[20].

So klar der Begriff „Ausfertigung" im zivilprozessualen Sinne ist, so wenig können und dürfen aus ihm für das Verfassungsrecht Rückschlüsse gezogen werden. Daß die Ausfertigung eines Gesetzes gem. Art. 82 GG nicht das Herstellen der Abschrift einer Originalurkunde durch den Bundespräsidenten bedeuten kann, geht schon daraus hervor, daß es eine solche Originalurkunde des Gesetzes vor seiner Ausfertigung überhaupt noch nicht gibt. Die Urschrift ist das — wenn es aus mehreren Blättern besteht, mit einer Schnur in den Landesfarben versehene — Schriftstück, welches das große Staatssiegel trägt[21]. Insbesondere kann man nicht das vom Bundestagspräsidenten gem. § 123 GOBT dem Kanzler, dem zuständigen Bundesminister und dem Bundesrat zu übersendende Schriftstück, das den Gesetzesinhalt enthält, als Originalurkunde ansehen. Gerade dieses Schriftstück wird bei der Ausfertigung nicht selten in seinem äußeren Gesicht erheblich verändert. Die gesetzgebende Körperschaft fügt z. B. häufig in den ihr vorgelegten Gesetzesentwurf weitere Paragraphen usw. ein, bzw. streicht oder ergänzt einzelne Bestimmungen. Dadurch wird die fortlaufende Zählung gestört, so daß im Ausfertigungsstadium eine Neuzählung nötig wird, die rein äußerlich den Entwurf in ganz anderer Form erscheinen lassen kann.

Ein Original der Gesetzesurkunde liegt also nach Schluß der dritten Lesung bzw. in dem Augenblick, in dem das Gesetz in das Stadium der Ausfertigung eintritt, noch nicht vor, so daß der zivilprozessuale Begriff der Ausfertigung nicht dem in Art. 82 GG entsprechen kann. Tatsächlich stammt der erstere auch aus wesentlich jüngerer Zeit. Er ist erst durch die Verfahrensordnungen die Reichsjustizgesetze in die Rechtssprache eingeführt worden[22].

In der älteren deutschen Rechtssprache — z. B. in Bezug auf die Abfassung der früheren Notariatsurkunden — bedeutete Ausfertigung dagegen das *Herstellen* der Originalurkunde und nicht das Fertigen einer Abschrift. Die Bedeutung des Wortes ist noch heute im Völkerrecht in der Sprache der internationalen Verträge erhalten geblieben. Sie entspricht auch dem Begriff der Ausfertigung im Staatsrecht[23]. Bismarck und seinen Mitarbeitern — davon muß man ausgehen — ist der Begriff in diesem Sinne geläufig gewesen. Von ihm sind die Väter der Reichsverfassung von 1871 ausgegangen, als sie Art. 17 RV formulierten und damit den Begriff der „Ausfertigung" ins deutsche Verfassungsrecht einführten.

---

[20] *Stein-Jonas*, a.a.O., Anm. II 1 zu § 170.
[21] *Müller*, a.a.O., S. 215; vgl. auch §§ 54 ff. GGO II.
[22] *Müller*, a.a.O., S. 211.
[23] *v. Liszt-Fleischmann*, a.a.O., S. 251.

Versteht man in diesem Sinne unter „Ausfertigung" bzw. „ausfertigen" das *Herstellen der Originalurkunde*, so deckt sich der Begriff auch mit der Praxis: Erst im Stadium der Ausfertigung wird — wie oben gezeigt — die Originalurkunde des Gesetzes geschaffen.

Rein faktisch bedeutet Ausfertigung danach das Herstellen der Gesetzesurkunde, also desjenigen Originals des Gesetzestextes, auf das später bei Auftauchen von Zweifeln über den Text jederzeit zurückgegriffen werden kann[24].

§ 2 Die Stellung der Ausfertigung im Gesetzgebungsverfahren

Die Feststellung, daß durch die „Ausfertigung" die (Original)-Gesetzesurkunde hergestellt („erschaffen") wird, wurde bisher ausschließlich vom Begriff des Wortes her gefunden, darüber hinaus lediglich durch einen Rückschluß aus der Staatspraxis erhärtet. Ihre Richtigkeit ist damit noch nicht bewiesen. Ganz abgesehen davon besagt sie auch kaum etwas über das Wesen und die juristische Qualifizierung der Handlung, die man als Ausfertigung bezeichnet, denn sie besagt allenfalls, was die Ausfertigung rein faktisch *bewirkt* (nämlich die Erschaffung einer Sache, der Urkunde), erklärt aber in keiner Weise, was sie — immer noch im rein faktischem Sinne — ihrer Rechtsnatur nach *ist*.

Eine (auch nur vorläufige) Aussage hierüber zu machen, ist so lange nicht möglich, als die systematische Einordnung des Akts der Ausfertigung in das Gesetzgebungsverfahren nach dem Grundgesetz nicht klargestellt und gezeigt ist, welche Stellung dieser Akt im Rahmen dieses Verfahrens überhaupt einnimmt. Nur wenn diese Einordnung deutlich ist, kann näheres über die Bedeutung der Ausfertigung für die Entstehung eines Gesetzes ausgesagt werden. Kernfrage wird in diesem Zusammenhang sein, ob es sich bei der Ausfertigung um eine Tätigkeit handelt, die noch die *Erschaffung* des Gesetzes zum Ziel hat, oder ob sie sich bereits auf ein *geschaffenes* — schon existentes — Gesetz bezieht, das — obwohl noch nicht ausgefertigt — bereits bestimmte Wirkungen entfaltet.

Dieser Frage, die letztlich darauf abzielt, ob die in der Ausfertigung liegende Staatstätigkeit funktionell noch zur Legislative und nicht unter Umständen schon zur Exekutive zählt, scheint — soweit ersichtlich — bisher kaum nachgegangen zu sein. Sie ist aber, wie noch zu zeigen sein wird, von entscheidender Bedeutung für die Beurteilung der dem Staatsoberhaupt zustehenden Prüfungsbefugnis.

---

[24] Das dürfte unstreitig sein, wenn es auch in den von der Literatur gegebenen Definitionen nicht immer zum Ausdruck kommt; vgl. z. B. *v. Liszt-Fleischmann*, a.a.O., S. 251; *Müller*, a.a.O., S. 211; OVG Münster in VerwRspr. Bd. 12, S. 426.

Unter dem „Gesetzgebungsverfahren" ist im weitesten Sinne der gesamte Verfahrensablauf vom Vorverfahren bis zum Inkrafttreten des Gesetzes zu verstehen. Es besteht aus verschiedenen Abschnitten, einer Kette von Tätigkeiten der an der Gesetzgebung Beteiligten. Im Mittelpunkt des Verfahrens nach dem Grundgesetz steht der Gesetzesbeschluß[25] gem. Art. 77 Abs. 1 Satz 1 GG, dem ein Vorverfahren[26], die Einbringung[27] und die Beratung[28] des Gesetzentwurfes im Bundestag vorausgehen und Ausfertigung, Verkündung und Inkrafttreten nachfolgen.

Zwischen Gesetzesbeschluß und Ausfertigung liegt das Stadium der Einwirkungsmöglichkeit des Bundesrates auf den Gesetzesbeschluß[29], das man mit W. Jellinek[30] das „Stadium der möglichen Hemmung mit deren Überwindung" nennen kann. Es endet mit dem „Zustandekommen" des Gesetzes gem. Art. 78 GG[31].

Für die Frage nach der Rechtsnatur der Ausfertigung erübrigt sich ein Eingehen auf sämtliche Einzelstadien. Es genügt die Abgrenzung zu den unmittelbar vorausgehenden und nachfolgenden Stadien, also zum Gesetzesbeschluß mit dem anschließenden Stadium der Hemmung und dem Zustandekommen einerseits sowie zur Verkündung andererseits.

Küppers[32] meint, Ausfertigung und Verkündung seien „die in die Form einer Verpflichtung gekleidete *Folge* des im Gesetzesbeschluß enthaltenen Gesetzesbefehls, die den Bundespräsidenten als Verfassungsorgan treffe". Diese Sicht ist ungenau und führt zu Irrtümern.

Hinsichtlich des Gesetzesbeschlusses nach Art. 77 Abs. 1 Satz 1 GG bestehen — das zeigen auch die Ausführungen Küppers' — heute noch merkwürdige Unklarheiten und Widersprüchlichkeiten. Die zur Zeit der alten Reichsverfassung von Laband begründete Lehre zum Gesetzesbeschluß wird noch von einem großen Teil der Kommentatoren des Grundgesetzes auf die Art. 77 und 78 GG angewendet, obwohl das — wie zu zeigen sein wird — nicht mehr möglich ist.

Der überwiegende Teil der Lehre zum Grundgesetz sieht in dem Gesetzesbeschluß die „Feststellung des Gesetzesinhalts" und die „Sanktion"[33].

---

[25] § 88 GOBT.
[26] §§ 35 ff. GGO II.
[27] § 75 GOBT.
[28] §§ 77 ff. GOBT.
[29] Art. 77 Abs. 2, 3, 4 GG.
[30] In HdbDStR II, S. 172.
[31] Die Lehre von der Aufteilung des Gesetzgebungsverfahrens entwickelte sich unter Führung Labands zur Zeit der Reichsverfassung von 1871. Laband teilte den Gesetzgebungsvorgang in vier Stufen ein: Festlegung des Gesetzesinhalts, Sanktion als Erteilung des Gesetzesbefehls, Ausfertigung und Verkündung. Hierauf wird noch zurückzukommen sein.
[32] a.a.O., S. 3.
[33] z. B. Maunz in *Maunz-Dürig*, a.a.O., Rdnr. 3 zu Art. 77; *Giese-Schunck*, a.a.O., Anm. II 1 zu Art. 77; von *Mangoldt-Klein*, a.a.O, Anm. III 2 a zu Art. 77.

§ 2 Die Stellung der Ausfertigung im Gesetzgebungsverfahren

Sie folgt damit der überkommenen Lehre[34] und versteht unter Sanktion die „Erteilung des Gesetzesbefehls". Der Gesetzesbeschluß soll also zweierlei enthalten, nämlich den Ausspruch, *was* Gesetz sein soll (Feststellung des Gesetzesinhalts) und den Ausspruch, *daß* der festgestellte Text Gesetz sein soll (Sanktion gleich Gesetzesbefehl[35]).

Diese herkömmliche Unterscheidung ist für das geltende Verfassungsrecht wenig sinnvoll. Sie ist zumindest eine förmliche und durch nichts gerechtfertigte Betrachtungsweise, die mit der tatsächlichen staatsrechtlichen Situation nicht mehr zu vereinbaren ist[36]. Es muß daher kurz auf die Laband'sche Sanktionslehre eingegangen werden.

Sie erklärt sich weitgehend aus dem Widerstreit zwischen dem demokratischen und dem monarchischen Element in der Verfassung von 1871[37]. Laband verstand unter der Sanktion den Kernpunkt des ganzen Gesetzgebungsvorganges, in dem der staatliche Herrschaftswille unmittelbar zum Ausdruck komme[38]. Da die „gesetzgebende Gewalt" — nach Laband — identisch ist mit der „Staatsgewalt"[39], konnte es nur der Bundesrat sein, der die Sanktion — als den eigentlichen Gesetzgebungsakt — erteilte, da nur er Träger der souveränen Reichsgewalt als Gesamtheit der deutschen Staaten war[40]. Das hatte zur Folge, daß die Feststellung des Gesetzesinhalts, die im Reichstag erfolgte, und die Sanktion, die durch einen Beschluß des Bundesrates erteilt wurde, auseinanderfielen. Laband ging daher von einer strengen Unterscheidung von Gesetzesinhalt und Gesetzesbefehl aus.

Diese Lehre wollte Laband nicht nur auf das Verfassungsrecht des Bismarckstaates angewandt wissen, sondern beanspruchte für sie — unabhängig von der Ausgestaltung des Gesetzgebungsverfahrens — Allgemeingültigkeit[41].

Rein äußerlich glaubte Laband diese Unterscheidung auch in der dem Gesetz bei der Ausfertigung vom Kaiser vorangestellten Eingangsformel zu sehen, die er als Verkündung des Gesetzesbefehls ansah[42]. Diese

---
[34] *Laband*, a.a.O., S. 24 ff., 29 ff.; *Anschütz*, a.a.O., Anm. 6 zu Art. 69.
[35] Maunz in *Maunz-Dürig*, a.a.O, Rdnr. 3 zu Art. 77; *Anschütz*, a.a.O., Anm. 6 zu Art. 69.
[36] Darauf weist bereits W. *Jellinek* für die Weimarer Verfassung hin: in HdbDStR II, S. 163, 164; ebenso Maunz in *Maunz-Dürig*, Rdnr. 3 zu Art. 77 (obwohl sie selbst diese Unterscheidung machen); *Herrfahrdt* in BK, Erl. II zu Art. 78.
[37] *Hallier*, a.a.O., S. 396; *Böckenförde*, a.a.O., S. 228; *Mallmann*, a.a.O., S. 130, 142.
[38] a.a.O., S. 29.
[39] a.a.O., S. 29.
[40] a.a.O., S. 32.
[41] a.a.O., S. 2 ff.
[42] a.a.O., S. 36; Die Eingangsformel lautete: „Wir... von Gottes Gnaden Deutscher Kaiser, König von Preußen... verordnen im Namen des Deutschen Reiches nach erfolgter Zustimmung des Bundesrates und des Reichstages, was folgt."

Lehre war aber bereits für das damalige Staatsrecht sehr zweifelhaft. Schon die Interpretation der Eingangsformel begegnet erheblichen Bedenken[43], denn mit Recht weist man darauf hin, daß die Eingangsformel lediglich deklatorische Bedeutung hat und nur feststellt, daß das Gesetz von den gesetzgebenden Körperschaften beschlossen ist und die Verkündung des Gesetzes anordnet[44]. Die Eingangsformel gehörte also nicht zum Stadium der Sanktion, sondern ausschließlich zur Ausfertigung, so daß — rein äußerlich — keinesfalls eine Trennung von Gesetzesinhalt und Sanktion ersichtlich ist[45].

Darüber hinaus bestand aber auch materiell kaum Anlaß für diese Trennung[46]. Denn nach der Lehre Labands war der Reichstag nur an der Feststellung des Gesetzesinhalts beteiligt, und allein dem Bundesrat stand die Erteilung des Gesetzesbefehls zu. Wenn dieser auch insofern das letzte Wort hatte, als er z. B. eine von ihm selbst eingebrachte und vom Reichstag unverändert angenommene Vorlage ablehnen konnte, weil er inzwischen seine Ansicht geändert hatte, so lag dennoch kein Grund vor, dem Reichstag jeden Anteil am Gesetzesbefehl abzusprechen, weil der Bundesrat diesen ja letztlich doch nur erteilen konnte, wenn der Reichstag dem Entwurf zugestimmt hatte[47]. Im übrigen wohnt einem Gesetz begriffsnotwendig Befehlscharakter inne. An seiner Erschaffung wirkt aber jedes an der Beschlußfassung beteiligte Staatsorgan mit, erteilt also gleichermaßen den Gesetzesbefehl[48].

Hier wird die Unlogik der Unterscheidung zwischen Gesetzesinhalt und Gesetzesbefehl deutlich. Dennoch wird sie leider von vielen Autoren unter Berufung auf Laband mitgemacht, unverständlicherweise auch heute wieder — wie oben gezeigt — von namhaften Kommentatoren des Grundgesetzes.

Dabei wurde dies schon für die Weimarer Verfassung weitgehend abgelehnt[49]. Träger der gesetzgebenden Gewalt war der Reichstag[50]. Der Reichsrat hatte im wesentlichen lediglich die Möglichkeit, gem. Art. 74 WV gegen ein Gesetz Einspruch zu erheben, was aber kein absolutes Vetorecht bedeutete[51], so daß die Einflußnahme des Reichsrates auf die

---

[43] Darauf weist Georg *Meyer* hin: a.a.O., S. 1 ff., 28 ff.; vgl. auch *Mallmann*, a.a.O., S. 19 ff.
[44] *Frormann*, a.a.O., S. 75 ff.; *Hallier*, a.a.O., S. 395.
[45] *Hallier*, a.a.O., S. 395.
[46] W. *Jellinek* in HdbDStR II, S. 163.
[47] W. *Jellinek* in HdbDStR II, S. 163; *Triepel*, a.a.O., S. 473 ff.
[48] *Böckenförde*, a.a.O., S. 229, der — was hier zu weit führen würde — auch den geistigen Hintergrund dieser begrifflichen Konstruktion bei Laband deutlich aufzeigt; vgl. auch *Hallier*, a.a.O., S. 395.
[49] Vgl. z. B. *Triepel*, a.a.O., S. 456 ff.; W. *Jellinek* in HdbDStR II, S. 163; a. A. *Heyland*, in HdbDStR II, S. 191 ff.; *Anschütz*, a.a.O., Anm. 6 zu Art. 68.
[50] Abgesehen vom Falle des Volksentscheides gem. Art. 73, 74 WV.
[51] Vgl. den weiteren Verlauf des Verfahrens gem. Art. 74 WV.

§ 2 Die Stellung der Ausfertigung im Gesetzgebungsverfahren 25

Gesetzgebung so gering war, daß man ihn zwar noch als Faktor im Gesetzgebungsverfahren ansprechen, nicht aber als Träger der gesetzgebenden Gewalt bezeichnen konnte[52].

Zur Weimarer Zeit standen also praktisch beide Funktionen im Sinne Labands — Feststellung des Gesetzesinhalts und Sanktion — ein und demselben Organ, nämlich dem Reichstag, zu und flossen deshalb ineinander.

Für den Gesetzesbeschluß nach Art. 77 GG ist die Unterscheidung zwischen Feststellung des Gesetzesinhalts und Erteilung des Gesetzesbefehls ebensowenig haltbar. Die Schwäche der Lehre Labands wird hier sogar am deutlichsten. Nach Laband ist die Erteilung des Gesetzesbefehls — die Sanktion — die oberste der im Gesetzgebungsverfahren erfolgenden Willensäußerungen[53] und kann nur vom „Träger der Staatsgewalt" als dem Träger der „gesetzgebenden Gewalt" erteilt werden. Anders als zur Zeit der Weimarer Republik und ähnlich wie zur Zeit des Bismarck-Reiches ist aber heute der Bundestag nicht mehr alleiniger Träger der Staats- bzw gesetzgebenden Gewalt im Sinne Labands.

In der Bundesrepublik ist der Bundesrat zumindest „Mitträger" der gesetzgebenden Gewalt[54]. Wenn er auch keinen „förmlichen" Gesetzesbeschluß fassen kann, und so — rein formal — dem Bundestag nicht gleichberechtigt zur Seite steht[55], so gehen sachlich seine Mitwirkungsrechte am Gesetzgebungsverfahren doch so weit, daß er den Gesetzesinhalt erheblich beeinflussen kann. In den Fällen der Zustimmungsgesetze kann der Bundesrat ein vom Bundestag geplantes Gesetz sogar verhindern[56]. Tatsächlich ist also der Gesetzesbeschluß des Bundestages, der bereits nach der hier angefochtenen Lehre den „Gesetzesbefehl" — die höchste staatliche Willensäußerung — enthalten soll, solange nicht endgültig, bis die Einspruchsmöglichkeit des Bundesrates erschöpft bzw. seine Zustimmung erteilt ist, wobei im letzteren Falle die Verweigerung der Zustimmung den (angeblichen) „Gesetzesbefehl" ohne weiteres wieder zu Fall bringt.

Bei dieser Rechtslage kann man unmöglich davon sprechen, daß der Gesetzesbeschluß des Bundestages die höchste staatliche und gesetzgeberische Willensäußerung — die Sanktion — enthalte[57].

---

[52] *Anschütz*, a.a.O., Anm. 1 zu Art. 74 WV.
[53] Ebenso *Anschütz*, a.a.O., Anm. 6 zu Art. 68 WV.
[54] Hierzu allerdings neuerdings zweifelnd *Friesenhahn*, a.a.O., S. 680 ff.
[55] *Scupin* in BK, Vorbem. Nr. 3 (S. 6) vor Art. 50.
[56] Vgl. vor allem auch den Fall des Gesetzgebungsnotstandes, wo der Bundesrat *allein* dem Gesetz zustimmen muß.
[57] So aber z. B. *Vonderbeck*, a.a.O., S. 81, der selbst auf die starke Einflußnahme des Bundesrates hinweist und dennoch — rein formalistisch — den Gesetzesbeschluß im obigen Sinne definiert.

Diesen Widerspruch erkennen auch einige der Autoren, die den Inhalt des Gesetzesbeschlusses immer noch mit der alten Lehre umschreiben[58]. Maunz in Maunz-Dürig[59] meint, man könne die Rechtslage vielleicht so umschreiben, daß die Sanktion im Zusammenwirken von Bundestag und Bundesrat gemeinsam erteilt werde oder daß die Sanktion durch den Bundestag bei Zustimmungsgesetzen aufschiebend bedingt, bei Einspruchsgesetzen auflösend bedingt durch den Beschluß des Bundesrates sei. Vonderbeck spricht von schwebender Unwirksamkeit des Bundestagsbeschlusses[60].

Diese Konstruktionen mögen der tatsächlichen Rechtslage näher kommen, sind aber keineswegs zwingend. Wenn die Sanktion gemeinsam von Bundestag und Bundesrat erteilt wird — wie Maunz meint —, so enthält der Gesetzesbeschluß des Bundestages nach Art. 77 Abs. 1 Satz 1 GG eben nicht die Sanktion und Maunz dürfte den Beschluß nicht in dieser Weise definieren. Wenn der Gesetzesbeschluß des Bundestages bei Zustimmungsgesetzen schwebend unwirksam ist, dann kann er nicht die Sanktion enthalten, weil er (noch) nicht Ausdruck des höchsten gesetzgeberischen Willens ist.

All das zeigt, daß der Gesetzesbeschluß des Bundestages weder die (endgültige) Feststellung des Gesetzesinhalts noch den (endgültigen) Gesetzesbefehl beinhaltet. Man sollte seinen Inhalt daher auch nicht mit der überkommenen, schon für das alte Recht fragwürdigen Lehre umschreiben und eine unrichtige Definition mit juristischen Konstruktionen, die dem Begriffsinhalt des Wortes Sanktion nicht gerecht werden, zu halten versuchen.

Die herkömmliche Unterscheidung und die mit ihr verbundene Definition des Gesetzesbeschlusses ist im übrigen — und das ist entscheidend — für das geltende Verfassungsrecht nicht nur nicht richtig, sondern überhaupt nicht erforderlich.

Die ganze Problematik läuft letztlich auf die Frage hinaus, in welchem Zeitpunkt ein Gesetz einen (gewissen) Grad von Verbindlichkeit erlangt. Sie bereitete nach altem Recht nur deshalb so große begriffliche Schwierigkeiten, weil sie weder in der Verfassung von 1871 noch in der von 1919 zusammenhängend gesetzlich geregelt war. Heute beantwortet Art. 78 GG die Frage[61].

Danach kommt ein vom Bundestag beschlossenes Gesetz zustande, wenn der Bundesrat zustimmt, den Antrag gem. Art. 77 Abs. 2 GG nicht

---
[58] Vgl. insbesondere *v. Mangoldt-Klein*, a.a.O., Anm. III 2 b zu Art. 77 mit vielen Nachweisen.
[59] a.a.O., Rdnr. 3 zu Art. 77.
[60] a.a.O., S. 81.
[61] Ähnlich *Herrfahrdt* in BK, Erl. II zu Art. 78.

§ 2 Die Stellung der Ausfertigung im Gesetzgebungsverfahren

stellt, keinen Einspruch innerhalb der Frist des Art. 77 Abs. 3 einlegt bzw. ihn zurücknimmt oder wenn der Einspruch vom Bundestag überstimmt wird.

Hier werden die Voraussetzungen dafür, daß ein bestimmter Inhalt des Gesetzes *festliegt* und er darum Gesetz *sein soll,* klar aufgezeigt. Das geschieht allerdings nicht in der Weise, daß auf einen bestimmten Ausspruch eines Staatsorgans — etwa den Gesetzesbeschluß — Bezug genommen, sondern daß ein bestimmter Zeitpunkt, in dem ganz bestimmte gesetzgeberische Handlungen erfolgt bzw. *nicht* erfolgt sein müssen, festgelegt wird.

Art. 78 bezeichnet also genau den Zeitpunkt im Gesetzgebungsverfahren, an den Laband und seine Anhänger denken, wenn sie vom „Festliegen des Gesetzesinhalts" und von der erfolgten „Erteilung des Gesetzesbefehls" sprechen.

Insofern ist auch die Ansicht Herrfahrdts[62] nicht ganz richtig, der davon spricht, daß Art. 78 GG (nur) das Problem der „Sanktion" löse. Art. 78 GG bezeichnet nicht nur — wenn man diesen Ausdruck schon anwenden will — das Vorhandensein des Gesetzesbefehls, sondern auch das Festliegen des Gesetzesinhalts. Immerhin ist Herrfahrdt insoweit Recht zu geben, als er meint, daß Art. 78 GG klarstellt, wann die *formalen* Voraussetzungen vorliegen, unter denen der Bundespräsident ein vom Bundestag beschlossenes Gesetz als „zustandegekommen" auszufertigen und zu verkünden hat und daß andererseits der Gesetzesbeschluß ihn noch nicht zur Ausfertigung und Verkündung ermächtigt.

Diese Feststellungen zeigen, daß die Ausfertigung — jedenfalls für den Bereich des Grundgesetzes — nicht — wie Laband meint — die der Sanktion nachfolgende Stufe im Gesetzgebungsverfahren ist, und daß die Eingangsformel der Bundesgesetze[63] nichts mit dem zu tun hat, was Laband den „Gesetzesbefehl" nannte, daß also von einem Ineinanderlaufen von angeblicher Sanktion (die in dem Gesetzesbeschluß nach Art. 77 GG liegen soll) und Ausfertigung nicht die Rede sein kann[64]. Es kann Küppers also nicht Recht gegeben werden, wenn er meint, Ausfertigung und Verkündung seien Folge des im Gesetzesbeschluß enthaltenen Gesetzesbefehls.

Unmittelbar vor der Ausfertigung liegt im Gesetzgebungsverfahren der Zeitpunkt des Zustandekommens des Gesetzes gem. Art. 78 GG.

---

[62] In BK, Erl. II 2 zu Art. 78.
[63] Die Formel lautet: Der Bundestag hat das folgende Gesetz beschlossen; bzw. (bei Zustimmungsgesetzen) „Der Bundestag hat mit Zustimmung des Bundesrates das folgende Gesetz beschlossen"; vgl. im übrigen § 28 GGO II.
[64] *Hallier,* a.a.O., S. 394 ff.

Diese Vorschrift normiert — im Gegensatz zum alten Verfassungsrecht — diejenigen Wirkungen, die Laband und seine Anhänger der Festlegung des Gesetzesinhalts und der Erteilung des Gesetzesbefehls zuschrieben.

Art. 78 GG besagt nun nicht nur — wie Herrfahrdt meint —, daß nunmehr die „formalen" Voraussetzungen für die Ausfertigung und Verkündung gegeben sind, sondern hat darüber hinaus auch einen ganz bestimmten materiellen Inhalt. Er legt einen Zeitpunkt fest, von dem an spätestens das Gesetz einen bestimmten Grad von Verbindlichkeit erlangt hat[65].

Das muß — vor allem im Hinblick auf die Frage der Prüfungsbefugnis des Bundespräsidenten bei der Ausfertigung — klar gesehen werden. Zwar entfaltet das Gesetz nach seinem „Zustandekommen" noch keine Außenwirkungen, d. h., es ist für Richter, Verwaltung und Volk noch nicht verbindlich, jedoch ist seine Verbindlichkeit bereits für die gesetzgebenden Organe eingetreten. Das folgt aus dem Grundsatz der Unverrückbarkeit des (Gesetzgebungs-) Votums, der besagt, daß Beschlüsse der Parlamente oder sonstiger gesetzgebender Organe im Gesetzgebungsverfahren grundsätzlich unabänderlich sind[66].

Aus diesem Grundsatz folgt, daß z. B. der Bundestag nach der Schlußabstimmung gem. § 88 GOBT (also schon vor dem Zustandekommen gem. Art. 78 GG) den Gesetzesentwurf nicht mehr ändern darf[67]. Desgleichen gilt dieser Grundsatz für den Bundesrat[68]. Seine Beschlüsse, die das Zustandekommen des Gesetzes gem. Art. 78 GG zur Folge haben, sind nicht rücknehmbar[69].

Hier liegt ein entscheidender Punkt. Wenn oben (S. 22) noch gesagt worden ist, daß im Mittelpunkt des gesamten Gesetzgebungsverfahrens der Gesetzesbeschluß nach Art. 77 GG stehe, so steht jetzt fest, daß der *Kernpunkt* des gesamten Verfahrens das Zustandekommen des Gesetzes nach Art. 78 GG ist. In diesem Zeitpunkt ist die „Erschaffung" des Ge-

---

[65] *Maunz-Dürig*, a.a.O., Rdnr. 8 zu Art. 78; a.A. offenbar *Herrfahrdt* in BK, Erl. II 2 zu Art. 78.
[66] *Maunz-Dürig*, a.a.O., Rdnr. 8 zu Art. 78; *von Mangoldt-Klein*, a.a.O., Anm. V 1 zu Art. 78; *Schäfer*, Bundesrat, S. 79; umfassend *Hatschek*, a.a.O., Bd. 2, S. 77 ff.
[67] *Maunz-Dürig*, a.a.O., Rdnr. 9 zu Art. 78; *v. Mangoldt-Klein*, a.a.O., Anm. V 1 zu Art. 78; *Schäfer*, Bundesrat, S. 79; a. A. *Herrfahrdt* in BK, Erl. II zu Art. 78; *Guntermann*, a.a.O., S. 34, der seine Ansicht mit Triepel belegen will. Triepel sagt aber an der zitierten Stelle (AöR, Bd. 39, S. 533, 534) genau das Gegenteil.
[68] *Schäfer*, Bundesrat, S. 79 ff.
[69] Vgl. die eingehende Begründung bei *Maunz-Dürig*, a.a.O., Rdnr. 10 zu Art. 78.

§ 2 Die Stellung der Ausfertigung im Gesetzgebungsverfahren

setzes — also die eigentliche „legislatorische" Tätigkeit der gesetzgebenden Körperschaften — abgeschlossen[70].

Da das Gesetz insoweit auch bereits Wirkungen entfaltet, nämlich die Gesetzgebungsorgane bindet[71], kann man in diesem Zeitpunkt bereits von *interner* oder auch *formeller Gesetzeskraft* sprechen[72].

Sämtliche weiteren diesem Zeitpunkt im Gesetzgebungsverfahren nachfolgenden Akte (also insbesondere Ausfertigung und Verkündung) beziehen sich daher bereits auf ein Gesetz, das *formelle Gesetzeskraft* entfaltet und sind nicht mehr auf die *Erschaffung* dieses Gesetzes gerichtet, sondern die ersten Handlungen zu seiner *Ausführung*. Sie sind also nicht mehr Akte der gesetzgebenden, sondern solche der *vollziehenden Gewalt*[73].

Das zu sehen, ist wichtig, denn es bedeutet, daß jede Einflußnahme auf das nach Art. 78 zustandegekommene Gesetz im Stadium der Ausfertigung Einflußnahme der ausführenden Gewalt auf die gesetzgebende Gewalt darstellt, daß der Bundespräsident also, wenn er aus irgendwelchen Gründen die Ausfertigung verweigert, als Organ der ausführenden Einfluß nimmt auf die gesetzgebende Gewalt[74]. Das heißt allerdings nicht, daß Ausfertigung und Verkündung nicht mehr zum (formellen) „Gesetzgebungsverfahren" gehören. Dieser Begriff ist nicht gleichzusetzen mit (materialer) „Erschaffung des Gesetzes", sondern bezeichnet auch die weitere Tätigkeit im Rahmen des Gesamtverfahrens bis zum Inkrafttreten. An ihm sind aber — wie man sieht — auch Organe der Exekutive im Rahmen „vollziehender" Staatstätigkeit beteiligt.

Damit ist die Stellung der Ausfertigung im Gesetzgebungsverfahren nach der einen Seite (den vorangehenden Stadien) abgegrenzt: Sie bezieht sich auf ein „zustandegekommenes", d. h., wenn nicht allgemein, so doch ein allen weiter am Verfahren Mitwirkenden gegenüber verbindliches Gesetz.

Gegenüber dem ihr nachfolgenden Akt der Verkündung ist sie völlig selbständig und unabhängig, wenn auch Ausfertigung und Verkündung — wie das nach dem Grundgesetz der Fall ist — in einem Akt zusammenfallen können[75].

---

[70] *Ernst*, a.a.O., S. 4 für die Weimarer Verfassung.
[71] Natürlich kann der Gesetzgeber das Gesetz später immer durch ein neues Gesetz aufheben oder ändern.
[72] Ähnlich G. *Jellinek*, Gesetz, S. 328; vgl. auch *Schack*, a.a.O., S. 82.
[73] *Frormann*, a.a.O., S. 55; *Ernst*, a.a.O., S. 4.
[74] Darauf verweist neuerdings auch *Friesenhahn*, a.a.O., S. 683.
[75] Vgl. insbes. *Triepel*, a.a.O., S. 539; *Laband*, a.a.O., S. 53; Das wurde früher häufig verkannt, vgl. G. *Meyer*, Staatsrecht, S. 494, Fn. 8; *Liebenow*, a.a.O., S. 59.

Unter Verkündung des Gesetzes in Art. 82 GG ist nicht die Bekanntgabe durch Abdruck und Veröffentlichung im Bundesgesetzblatt zu verstehen[76], sondern der Befehl an die zuständigen Organe, Abdruck und Veröffentlichung zu veranlassen (Verkündungsbefehl)[77]. Dieser Verkündungsbefehl liegt nicht etwa schon „stillschweigend" in der Ausfertigung[78], wie ein großer Teil der Lehre zur Reichsverfassung von 1871 und zur Weimarer Verfassung angenommen hatte[79].

Das ist bedeutungsvoll, denn die Konsequenz der gegenteiligen Annahme wäre, daß die Ausfertigung als solche nichts anderes als einen integrierenden Bestandteil der Verkündung bedeutet[80]. Wenn nämlich, wie Laband meint, der Verkündungsbefehl in der Ausfertigung stillschweigend mit enthalten ist und er gleichzeitig ausführt, unter „Verkündung" sei der Verkündungsbefehl zu verstehen[81], so würde das heißen, da Verkündungsbefehl gleich Verkündung und ersterer in der Ausfertigung bereits enthalten ist, daß die Ausfertigung die Verkündung enthält. Da man aber nicht gut sagen kann, daß ein Gesetz ohne Verkündung verbindlich ist, dreht man den Satz um und behauptet, die Ausfertigung sei Bestandteil der Verkündung.

Daß diese Ansicht nicht richtig sein kann, zeigt schon die Tatsache, daß sowohl die Weimarer Reichsverfassung als auch das Grundgesetz ausdrücklich zwischen Ausfertigung und Verkündung unterscheiden[82].

Es handelt sich hier auch nicht etwa um eine rein theoretische begriffliche Unterscheidung. Schon die Eingangsformel „Das vorstehende Gesetz wird hiermit verkündet" neben der Formel „Der Bundestag hat das folgende Gesetz beschlossen" zeigt, daß hier zwei ihrem Wesen nach unterschiedliche Tätigkeiten in einem Akt vollzogen werden. Guntermann[83] macht das noch mit einem Beispiel aus der Weimarer Verfassung deutlich: Gem. Art. 72 WV konnte ein Drittel der Mitglieder des Reichstages die Aussetzung der Verkündung verlangen, wobei die Ausfertigung nicht berührt wurde. In diesem Falle konnte ein Zwanzigstel der Mitglieder des Reichstages einen Volksentscheid verlangen, so daß das Gesetz zunächst ausgefertigt, dann zum Volksentscheid gebracht und schließlich — im Falle der Zustimmung — verkündet wurde.

---

[76] So allerdings *Maunz*, a.a.O., S. 210.
[77] *Nawiasky*, a.a.O., S. 120; *Laband*, a.a.O., S. 53; *Triepel*, a.a.O., S. 538, 539; *Müller*, a.a.O., S. 218.
[78] *Vogel*, a.a.O., S. 21.
[79] z. B. W. *Jellinek*, in HdbDStR II, S. 179; *Hatschek*, a.a.O., Bd. II, S. 19.
[80] So z. B. G. *Meyer*, Staatsrecht, S. 494, Fn. 8.
[81] a.a.O., S. 53.
[82] Schärfer noch die Weimarer Verfassung, die in Art. 70 für die Verkündung, nicht aber für die Ausfertigung eine Frist vorsah.
[83] a.a.O., S. 31.

§ 3 Die Ausfertigung als Gesetzeserklärung

Die Ausfertigung steht also — wie die vorangegangenen Ausführungen gezeigt haben — im Gesetzgebungsverfahren zwischen dem „Zustandekommen" des Gesetzes gem. Art. 78 GG und seiner Verkündung gem. Art. 82 GG.

Das besagt aber noch nicht viel über die Rechtsnatur des — rein faktischen — Akts, der als Ausfertigung bezeichnet wird. Es ist das Verdienst Labands und — ihm folgend — G. Jellineks[84], hierzu Klarheit geschaffen zu haben.

Jedes Gesetz bedarf, da es ein Willensakt ist, einer *Erklärung*[85], denn solange ein Wille nicht erklärt, d. h. erkennbar gemacht ist, gilt er juristisch als nicht vorhanden[86]. Es bedarf also eines ganz bestimmten Mittels, durch das der Gesetzeswille in seiner „authentischen Gestalt"[87] erkennbar, d. h. *sinnlich wahrnehmbar* gemacht wird. Dieses Mittel ist heute die Schrift, die ihrerseits wiederum in einer ganz bestimmten „Form" — nämlich der der öffentlichen Urkunde — in Erscheinung tritt[88].

Der Unterschied zwischen Ausfertigung und Verkündung wird hier deutlich: Durch die Ausfertigung wird das Gesetz erst juristisch existent, weil es nunmehr sinnlich wahrnehmbar ist, durch die Verkündung wird das „existente" Gesetz „gemeinkundig", nämlich jedermann zugänglich gemacht[89].

Laband und Jellinek weisen auch sowohl in rechtshistorischer als auch rechtsvergleichender Hinsicht überzeugend nach, daß ihre Differenzierung zwischen Ausfertigung und Verkündung durchaus der herkömmlichen Staatsrechtspraxis entspricht[90].

So kannte das ältere deutsche Reichsstaatsrecht den Akt der „Publicatio" oder auch „Promulgatio des Reichsabschiedes", den vorzunehmen als

---

[84] Vgl. aber hierzu schon *Tezner*, in (Wiener) Juristische Blätter, 1887, S. 49 ff., zitiert bei *Laband*, a.a.O., S. 52.
[85] *Laband*, a.a.O., S. 13.
[86] *Laband*, a.a.O., S. 13; G. *Jellinek*, Gesetz, S. 327.
[87] *Laband*, a.a.O., S. 13.
[88] *Laband*, a.a.O., S. 13 spricht nur von der Form der Gesetzeserklärung. Es dürfte aber klarer sein, deutlich zwischen Mittel und Form zu unterscheiden.
[89] Sieht man die Ausfertigung in diesem Sinne, so erscheint — rein sprachlich — der Begriff „Zustandekommen" in Art. 78 GG m. E. unglücklich, denn unter etwas „Zustandegekommenen" versteht der allgemeine Sprachgebrauch etwas objektiv „Existentes". Das ist das nach Art. 78 GG „zustandegekommene" Gesetz — wie man sieht — noch nicht, so daß in diesem Sinne vom „Zustandekommen" des Gesetzes besser nach seiner Ausfertigung gesprochen werden sollte, während man im Zeitpunkt des Vorliegens der Voraussetzungen nach Art. 78 GG vielleicht nur vom Vorliegen der formellen Gesetzeskraft (vgl. hierzu oben S. 29) sprechen sollte.
[90] *Laband*, a.a.O., S. 14 ff. mit zahlreichen rechtshistorischen Hinweisen; G. *Jellinek*, Gesetz, S. 322.

kaiserliches Reservatrecht galt[91]. Es bestand darin, daß die Urkunde des vom Reichstag beschlossenen Gesetzes in zwei Exemplaren auf Pergament niedergeschrieben und von Kaiser und Ständen unterzeichnet und gesiegelt wurde. In einer feierlichen Sitzung des Reichstages verlas der Reichskanzler den Reichsabschied und ermahnte die Stände, die Vorschriften zu befolgen[92].

Ähnlich stand in England der Krone das Recht zu, das Gesetz auszufertigen. Das geschah in älterer Zeit in einer feierlichen Sitzung des Hauses der Lords, seit Heinrich VIII. durch ein „Patent", welches vom König unterschrieben, vom Kronclerk gegengezeichnet und mit dem großen Staatssiegel versehen wurde. Auch dieser Vorgang bedeutete nicht die Verkündung im Sinne von Bekanntgabe, sondern ebenfalls die formelle und authentische *Erklärung* des staatlichen Gesetzgebungswillens[93].

Im französischen Staatsrecht erfolgten vor der Revolution von 1789 Sanktion (i. S. der oben S. 23 ff. beschriebenen älteren Rechtslehre) und Erklärung des Gesetzes durch den König, weil er allein Träger des Gesetzgebungswillens war und darum sowohl sanktionierte als auch erklärte (ausfertigte). Die Verkündung war Sache der Gerichtshöfe (Parlamente). Die königlichen Ausfertigungen der Gesetze und Verordnungen wurden zur Registrierung und Verkündung an sie übersandt.

So lange dem König sowohl das Recht der Sanktion als auch das der Ausfertigung (französisch: Promulgation) zustand, fielen beide Akte in einem zusammen, wurden aber im französischen Staatsrecht immer voneinander getrennt. Erst durch die Unterdrückung des Königtums fielen die Akte auseinander. Nach der Verfassung von 1875 wurden die Gesetze von den Kammern sanktioniert, der Präsident hatte sie — ohne das Recht der Zustimmung oder des Vetos — zu promulgieren und publizieren[94].

§ 4 Die an der Ausfertigung beteiligten Organe

An dieser Stelle ist der Begriff „Ausfertigung" bzw. „ausfertigen" — immer noch im rein faktischen Sinne — bereits klarer geworden. Ausfertigung ist die authentische Erklärung (Wahrnehmbarmachung) des

---

[91] *Laband*, a.a.O., S. 15.
[92] Es handelt sich bei diesem Akt der „Publicatio" nicht etwa — wie das Wort vermuten lassen könnte — um Verkündung im Sinne von Bekanntmachung. Kaiser und Reichstag kannten ja das Gesetz, die Behörden des Reiches erlangten hierdurch aber keine Kenntnis von ihm; vgl. *Laband*, a.a.O., S. 15.
[93] *Laband*, a.a.O., S. 16.
[94] Vgl. hierzu die eingehende Darstellung bei *Laband*, a.a.O., S. 17 ff. mit zahlreichen rechtshistorischen und rechtsvergleichenden Hinweisen; ebenso G. *Jellinek*, Gesetz, S. 322 ff.

§ 4 Die an der Ausfertigung beteiligten Organe

Willens des Gesetzgebers durch ein Schriftstück in der Form einer öffentlichen Urkunde.

Um den Begriff im faktischen Sinne vollends ausschöpfen zu können, bedarf es noch eines Blickes auf das Organ bzw. die Organe, welche die Ausfertigung vornehmen.

Gem. Art. 82 GG werden die Gesetze vom Bundespräsidenten nach Gegenzeichnung ausgefertigt.

Das Grundgesetz folgt mit dieser Regelung der überlieferten Staatspraxis, die von jeher den Akt der Ausfertigung in die Hände des Staatsoberhauptes legte[95]. Die Gründe hierfür sind rechtsgeschichtlich interessant, weil sie zeigen, daß die Übertragung der Ausfertigung an Kaiser, Reichs- und Bundespräsident in der Zeit seit 1871 mehr oder weniger traditionellen repräsentativen Ursprungs ist und ein eigentlicher Rechtsgrund dafür, daß das Staatsoberhaupt diesen Akt vorzunehmen hat, bei der Stellung der deutschen Staatsoberhäupter seit 1871, insbesondere des Bundespräsidenten heute, kaum noch gegeben ist.

In der absoluten Monarchie war Träger des Gesetzgebungswillens der Monarch, der diesen seinen Willen in irgendeiner sinnlich wahrnehmbaren Form (nämlich — wie gesagt — der der Gesetzesurkunde) *erklären* mußte. Es war daher selbstverständlich, daß die formelle Erklärung dieses Willens auch von ihm als Träger dieses Willens abgegeben wurde, daß also der Monarch es war, der die Gesetzesurkunde herstellte (ausfertigte). Dabei hatte er bestimmte Formalitäten zu beachten, die der Sicherung dienten, denn der Zweck der bestimmten Form der Gesetzeserklärung bestand darin, seinen wahren Willen ein für allemal in der Weise festzulegen, daß Fälschungen, Irrtümer und Willkürlichkeiten ausgeschlossen waren.

Wo der Erlaß eines Gesetzes noch an andere Voraussetzungen als an den persönlichen Willen des Monarchen geknüpft war (also in den Demokratien), konnte die Beurkundung des Gesetzes nur erfolgen, wenn festgestellt war, daß diese Voraussetzungen auch vorlagen, so daß die formelle Erklärung des Gesetzes nicht nur eine authentische Beurkundung des Wortlauts, sondern zugleich auch die „formelle Konstatierung" bedeutete, daß die verfassungsmäßigen Vorbedingungen des Gesetzgebungswillens erfüllt waren[96].

Aber auch in diesen Fällen oblag die Ausfertigung des Gesetzes weiterhin dem Staatsoberhaupt, was eben daraus resultierte, daß ursprünglich das Staatsoberhaupt (der Monarch) selbst Träger des Gesetzgebungswillens war und naturgemäß diesen seinen Willen durch die Ausfertigung auch „erklärte", d. h. das Gesetz „ausfertigte". So war es noch in den

---

[95] Für das neuere Staatsrecht vgl. Art. 17 RV, Art. 70 WV.
[96] *Laband*, a.a.O., S. 14.

monarchischen Verfassungen des Deutschen Landesstaatsrechts zur Zeit des Bismarck'schen Reiches, wo der Landesherr sanktionierte und ausfertigte, indem er die Gesetzesurkunde unterschrieb, wobei auf die erfolgte Zustimmung der Stände Bezug genommen und diese ausdrücklich bezeugt wurde[97].

Nachdem das Staatsoberhaupt des Gesetzgebungswillens beraubt war und weitgehend nur noch repräsentative Funktionen zu erfüllen hatte, verblieb ihm — aus traditionellen Gründen — die Befugnis, den Gesetzgebungswillen, der inzwischen auf andere Organe übergegangen war, zu erklären, also die beschlossenen Gesetze auszufertigen und dann auch zu verkünden. Man sieht aber, daß ein eigentlicher juristisch-dogmatischer Grund hierfür heute nicht mehr gegeben ist, obwohl auch das Grundgesetz — wie die Bismarck'sche Verfassung dem Kaiser und die Weimarer Verfassung dem Reichspräsidenten — diese Befugnis dem Bundespräsidenten zugesteht.

Das bedeutet jedoch nicht, daß er das einzige Staatsorgan ist, das an der Ausfertigung beteiligt ist. Art. 82 GG sieht vor, daß er nur „nach Gegenzeichnung" auszufertigen hat.

Diese Hinzufügung in Art. 82 GG ist eigentlich überflüssig, denn auch die Ausfertigung ist eine „Anordnung bzw. Verfügung" des Bundespräsidenten[98], so daß das Erfordernis der Gegenzeichnung sich bereits aus Art. 58 GG ergibt. Unklar und unglücklich ist auch die Formulierung „*nach* Gegenzeichnung", denn *gegengezeichnet* wird die Unterschrift des Bundespräsidenten, so daß es richtig heißen müßte *vor* Gegenzeichnung, wenn man vom Begriff des Wortes „Gegenzeichnung" ausgeht[99].

Tatsächlich erfolgt die Gegenzeichnung — entgegen dem Begriff des Wortes — aber auch *vor* der Unterschriftsleistung des Bundespräsidenten[100].

Über die Frage, wer gegenzeichnet, sagt Art. 82 GG nichts aus. Es muß daher auf Art. 58 GG zurückgegriffen werden. Danach erfolgt die Gegenzeichnung durch den Bundeskanzler *oder* den zuständigen Bundesminister. Nach dem Wortlaut des Art. 58 GG ist daher davon auszugehen, daß stets der Bundeskanzler allein wirksam gegenzeichnen kann und seine Gegenzeichnung die des zuständigen Bundesministers ersetzt,

---

[97] Daß Sanktion und Ausfertigung dadurch in einem Akt zusammenfielen, trug dazu bei, daß die ältere Rechtslehre die Bedeutung der „Erklärung des Gesetzgebungswillens in Form einer Urkunde" (nach Laband die Promulgation oder Ausfertigung) nicht erkannte.
[98] Unbestritten, vgl. z. B. *Maunz-Dürig*, a.a.O., Rdnr. 2 zu Art. 58; (Anordnungen und Verfügungen sind als einheitlicher Begriff aufzufassen; hierzu allerdings a. A. *Hamann*, Erl. B 1 zu Art. 58).
[99] Darauf weist bereits *Nawiasky*, a.a.O., S. 120 hin.
[100] § 29 GOBReg, §§ 55, 56 GGO II; von *Mangoldt-Klein*, Anm. VII zu Art. 58.

umgekehrt aber auch der zuständige Bundesminister gegenzeichnen und die Gegenzeichnung des Bundeskanzlers wirksam ersetzen kann[101]. Dem steht allerdings § 29 Abs. 1 Satz 1 GOBReg entgegen, wo es heißt, „Gesetze sind dem Bundespräsidenten erst nach der Gegenzeichnung durch den Bundeskanzler *und* den zuständigen Bundesminister zur Vollziehung vorzulegen". Trotz dieser Verfahrensvorschrift, nach der also beide — Kanzler und Minister — gegenzeichnen müßten, ist von dem oben Gesagten auszugehen. Fehlt nämlich eine Unterschrift, mag zwar eine Verletzung der Geschäftsordnung, nicht aber eine Verfassungsverletzung vorliegen[102]. Meinungsverschiedenheiten zwischen den Bundesministern über ihre Zuständigkeit sind nach § 17 GOBReg zu behandeln. Berührt der Inhalt des Gesetzes den Geschäftsbereich mehrerer Bundesminister, so zeichnen diese in der Regel alle gegen[103]. Handelt es sich um ein Ausgaben erhöhendes Gesetz i. S. des Art. 113 GG, so ist es immer auch vom Bundesminister der Finanzen gegenzuzeichnen[104].

Zusammenfassung

Damit wäre der Begriff der Ausfertigung im formellen (faktischen) Sinne festgelegt.

Ausfertigung bedeutet insoweit die *Herstellung der Gesetzesurkunde*. Sie stellt die äußere *Erklärung*, d. h. *Wahrnehmbarmachung* des Willens des Gesetzgebers dar.

Sie erfolgt durch den Bundespräsidenten nach Gegenzeichnung durch Mitglieder der Bundesregierung.

---

[101] *Maunz-Dürig*, a.a.O., Rdnr. 5 zu Art. 58; *Menzel* in BK, Erl. II Nr. 5 zu Art. 58; *Hamann*, a.a.O., Erl. B 4 zu Art. 58.
[102] *Maunz-Dürig*, a.a.O., Rdnr. 5 zu Art. 58.
[103] § 29 Abs. 1 Satz 2 GOBReg.
[104] § 54 Abs. 3 GGO II; vgl. i. ü. das Verfahren gem. §§ 52 ff. GGO II.

Zweiter Teil

Der Begriff der Ausfertigung im materiellen Sinne

§ 5 Das Gebot des Art. 82 GG

Es wurde oben (S. 15 und 16) an Hand verschiedener Definitionen in der Literatur gezeigt, daß man in der Handlung, die als „Ausfertigung" bzw. „Ausfertigen" bezeichnet wird, eine *eigene gedankliche Erklärung* des Ausfertigenden sieht.

Als der Begriff mit der Verfassung von 1871 im positiven deutschen Verfassungsrecht auftauchte, entbrannte sehr rasch ein Streit um die Frage, ob der Kaiser ein von den gesetzgebenden Körperschaften beschlossenes Gesetz unbesehen auszufertigen hatte, also zur Ausfertigung generell verpflichtet war, oder ob er sie in bestimmten Fällen verweigern und damit das beschlossene Gesetz zu Fall bringen durfte[1].

Dieser Streit entwickelte sich zwangsläufig. Der Grund lag in der unklaren Formulierung des Art. 17 RV, wo es einfach heißt: „Dem Kaiser steht die Ausfertigung und Verkündung der Reichsgesetze... zu". In Kenntnis dieser Auseinandersetzungen in der Rechtslehre versuchten die Schöpfer der Weimarer Verfassung Klarheit zu schaffen und formulierten den entsprechenden Art. 70 WV in folgender Weise: „Der Reichspräsident hat die verfassungsmäßig zustandegekommenen Gesetze auszufertigen." Aber auch diese Formulierung schaffte keine endgültige Klarheit, so daß in der Weimarer Zeit, wie noch gezeigt werden wird, die Auseinandersetzung um die Ausfertigungspflicht des Reichspräsidenten weiterging.

Das Grundgesetz übernahm mit Art. 82 GG den Inhalt des Art. 70 WV hinsichtlich der Ausfertigung in vollem Umfang, wobei die Formulierung „nach den Vorschriften dieses Grundgesetzes" genau dem Inhalt des Wortes „verfassungsmäßig" in Art. 70 WV entsprechen sollte. Die Andersformulierung hatte — wie auch an anderen Stellen des Grundgesetzes — lediglich den Sinn, den Begriff „Verfassung" im Hinblick auf die

---

[1] Vgl. die Übersicht über die Literatur im nächsten Abschnitt.

§ 5 Das Gebot des Art. 82 GG

besondere staatsrechtliche Situation des geteilten Deutschland zu vermeiden[2].

Der Unterschied zwischen Art. 70 WV und 82 GG einerseits zu Art. 17 RV andererseits liegt auf der Hand: Die beiden jüngeren Bestimmungen sind deutlicher, weil sie ausdrücklich vorschreiben, daß (nur) die „verfassungsmäßig" bzw. „nach den Vorschriften des Grundgesetzes" zustandegekommenen Gesetze vom Staatsoberhaupt auszufertigen sind. Klarer sind sie gegenüber Art. 17 RV aber nur insoweit, als nunmehr feststand oder feststeht, daß Gesetze, die *nicht* „verfassungsmäßig" oder nicht „nach den Vorschriften des Grundgesetzes" zustandegekommen waren oder sind, vom Reichs- bzw. Bundespräsidenten nicht ausgefertigt werden durften bzw. dürfen.

Wie die Weimarer Verfassung macht also auch das Grundgesetz die Ausfertigung davon abhängig, daß das auszufertigende Gesetz verfassungsmäßig zustandegekommen sein muß und daß, wenn das nicht der Fall ist, der Bundespräsident die Ausfertigung zu unterlassen hat.

Schon aus dieser oberflächlichen Sicht wird deutlich, daß es Fälle geben muß, in denen der Bundespräsident nicht ausfertigen darf, daß er das Gesetz also keineswegs generell und unbesehen bereits dann, wenn sein Text mit dem des Gesetzesbeschlusses übereinstimmt, unterzeichnen muß bzw. darf. Die Ausfertigung setzt demnach die Prüfung der Frage voraus, ob das Gesetz „nach den Vorschriften des Grundgesetzes" zustandegekommen ist oder nicht. Der Bundespräsident darf also, ohne diese Prüfung angestellt zu haben, ein Gesetz nicht ausfertigen, weil er sonst Gefahr laufen würde, ein *nicht* „nach den Vorschriften des Grundgesetzes zustandegekommenes Gesetz" auszufertigen. Das aber verbietet ihm Art. 82 GG.

Damit ist jedoch über Art und Weise sowie den Umfang der Prüfung nichts gesagt, und genau hier liegt der zentrale und schwierigste Punkt der Problematik des Art. 82 GG. Seine Erörterung — der bekannte Streit um das sogenannte „formelle und materielle Prüfungsrecht des Bundespräsidenten" — ist, wenn auch der Schein für das Gegenteil sprechen mag, bis heute nicht abgeklungen. Die Beantwortung dieser Frage setzt ihrerseits die Beantwortung der Frage voraus, was Art. 82 GG überhaupt unter „nach den Vorschriften des Grundgesetzes zustandegekommen" versteht.

Eine reine Wortinterpretation führt zunächst zu zwei unterschiedlichen Möglichkeiten: „Nach den Vorschriften des Grundgesetzes zustandegekommen" kann einmal bedeuten: „nach den Vorschriften, die das Grund-

---

[2] *Friesenhahn,* a.a.O., S. 679 sieht hier allerdings schon insoweit einen bedeutsamen Unterschied zu Art. 70 WV, als die Formulierung in Art. 82 GG „zwanglos als ein Verweis auf Art. 78 GG", der ja den Zeitpunkt des *Zustandekommens* regelt, aufgefaßt werden könne.

gesetz für das Gesetzgebungsverfahren vorsieht, zustandegekommen", zum anderen aber auch: „in voller Übereinstimmung mit dem Grundgesetz zustandegekommen". Der Unterschied ist klar: Nach der ersten Interpretation würde Art. 82 GG lediglich die Einhaltung derjenigen Vorschriften, die das *Verfahren* der Gesetzgebung regeln und nur diese, nach der zweiten Interpretation die volle Übereinstimmung des Gesetzes mit sämtlichen Vorschriften des Grundgesetzes verlangen.

Für die vom Bundespräsidenten anzustellende Prüfung hat das bedeutende Konsequenzen: Wäre die erste Interpretation richtig, wären in Art. 82 GG also nur die Verfahrensvorschriften gemeint, hätte sich seine Prüfung nur auf deren Einhaltung zu beziehen, wäre die zweite richtig, also volle inhaltliche Übereinstimmung mit dem Grundgesetz verlangt, müßte sich die Prüfung auf die volle Verfassungsmäßigkeit des auszufertigenden Gesetzes erstrecken. Das letztere bejaht die weitaus überwiegende Meinung.

Die Konsequenzen dieser unterschiedlichen Auffassungen sind erheblich: Steht dem Bundespräsidenten nur die „formelle Prüfungsbefugnis" zu, so kann und darf er die Ausfertigung nur verweigern, wenn er zu dem Ergebnis gelangt, daß von den gesetzgebenden Körperschaften eine oder mehrere Verfahrensvorschriften nicht eingehalten worden sind. Hat er auch die „materielle Prüfungsbefugnis", so kann und muß er die Ausfertigung auch ablehnen, wenn er — entgegen der Auffassung von Bundestag und Bundesrat — der Ansicht ist, daß das betreffende Gesetz aus irgendeinem Grunde grundgesetzwidrig ist.

Daß im letzteren Fall das Staatsoberhaupt einen ganz erheblichen Einfluß auf die gesetzgeberische Tätigkeit nehmen kann, ist nicht zu übersehen. Im Falle der Verweigerung der Ausfertigung dürfte ein Organstreit nach Art. 93 Abs. 1 Nr. 1 GG nämlich unvermeidbar sein, so daß die materielle Prüfungsbefugnis — worauf Maunz[3] mit Recht hinweist — in der Hand eines entscheidungsfreudigen Politikers praktisch einem Recht der Appellation an das Bundesverfassungsgericht nahekommt. Setzt dieses „Recht" auch Bedenken verfassungsrechtlicher Art beim Bundespräsidenten voraus, so besteht doch die Gefahr, daß es — etwa in der Absicht, Zeit zu gewinnen — aus politischen Motiven angewendet wird[4]. Theoretisch würde diese Möglichkeit jedenfalls bestehen, und man sollte nicht daran vorbeisehen, daß hier das Grundgesetz selbst einen Ansatzpunkt zur Aushöhlung demokratischer Prinzipien bieten würde, der schwerlich von seinen Vätern gewollt sein dürfte.

Es taucht daher schon zwangsläufig die Frage auf, ob dem Bundespräsidenten, dem das Grundgesetz — wie noch zu zeigen sein wird —

---
[3] In *Maunz-Dürig*, a.a.O., Rdnr. 5 zu Art. 82.
[4] So Maunz in *Maunz-Dürig*, a.a.O., Rdnr. 5 zu Art. 82.

bewußt eine wesentlich schwächere Stellung als dem Reichspräsidenten die Weimarer Verfassung eingeräumt hat, tatsächlich eine derart weitgehende Befugnis zustehen soll, zumal kein Weg vorgesehen ist, der aufzeigt, wie ein Gesetz zur Verkündung gebracht werden soll, falls der Bundespräsident sich trotz einer Entscheidung des Bundesverfassungsgerichts weigert, das Gesetz auszufertigen. Es bliebe dann nur die Anklage nach Art. 61 GG[5].

§ 6 Geschichtliche Entwicklung und Übersicht über die Literatur

Wenn auch das ältere Verfassungsrecht des Deutschen Reiches vor 1806 die konkrete und differenzierte Frage der formellen und materiellen Verfassungsmäßigkeit kaum gekannt haben dürfte[6], so erlangte doch die grundsätzliche Frage der Verfassungsmäßigkeit kaiserlicher Anordnungen seit der Verpflichtung Karls V. vom 5. 7. 1519, die Regierung in Übereinstimmung mit den Wahlkapitulationen auszuüben, eine gewisse Bedeutung.

Die Wahlkapitulation vom 13. 9. 1745[7] enthielt eine Verpflichtung des Kaisers zur Beachtung des geltenden Rechts und in Art. XVI § 11 eine Regelung für den Fall des Verstoßes: „Ob aber diesen und anderen in dieser Capitulation enthaltenen Articulen und Puncten einiges zuwider erlanget oder ausgehen würde, das alles soll krafftloß, todt und ab seyn, immassen Wir es jetzt alsdann, und dann als jetzt hiemit cassiren, tödten und abthun..."

Es mußte also alles, was vom Kaiser „ausging" (also auch Gesetze) „verfassungsmäßig" sein, was natürlich eine irgendwie geartete Verpflichtung des Kaisers zur Überprüfung des zu erlassenden Gesetzes mit sich brachte[8].

Derselbe Gedanke kommt auch in der Staatsrechtslehre der damaligen Zeit zum Ausdruck. So weist Moser[9] darauf hin, daß der deutsche Kaiser nicht „wider das Reichsgrundgesetz"[10] handeln dürfe und setzt sich ausdrücklich mit der Frage auseinander, ob diese Regel Ausnahmen zuläßt oder nicht.

---

[5] *Herrfahrdt* in BK, Erl. II 1 zu Art. 82.
[6] Vgl. hierzu die geschichtlichen Hinweise bei *Küppers*, a.a.O., S. 19 ff.
[7] Wahl-Capitulation der Römisch-Kayserlichen Majestät Francisci vom 13. 9. 1745, Teutsche Reichsabschiede, Zugabe zum IV. Teil der Sammlung, S. 2—37.
[8] *Küppers*, a.a.O., S. 21, 24 mit weiteren Nachweisen.
[9] a.a.O., Lib. 3, Cap. 6, § 60, S. 203, 204.
[10] Dazu war praktisch die Wahlkapitulation geworden; *Küppers*, a.a.O., S. 20; *Moser*, a.a.O., Lib. 1, Cap. 3, § 14, S. 32, 33; *von Schulte*, a.a.O., S. 309.

40 II. Teil: Der Begriff der Ausfertigung im materiellen Sinne

Eine differenzierte Abgrenzung zwischen formeller und materieller Verfassungsmäßigkeit kannte man dagegen in der Staatsrechtslehre des 18. Jahrhunderts noch nicht[11].

Erst ca. 100 Jahre später scheint sich die begriffliche Abgrenzung allmählich durchgesetzt zu haben. So spricht Planck in einer Debatte des 3. Deutschen Juristentages[12] von der „formellen und materiellen" Verfassungsmäßigkeit eines Gesetzes.

Mit Aufkommen der Auseinandersetzungen um das sogenannte richterliche Prüfungsrecht wird die Unterscheidung dann von den meisten Autoren gemacht, wobei der Streit in erster Linie darum ging, ob eine Prüfung der Verfassungsmäßigkeit des Gesetzes von den ordentlichen Gerichten anzustellen war und wie weit diese Prüfung gegebenenfalls gehen sollte. Man sah zum Teil in der Ausfertigung und Verkündung des Gesetzes eine praesumptio iuris et de iure für seine formelle und materielle Verfassungsmäßigkeit[13].

Die eigentliche Diskussion begann — wie oben (S. 36) bereits angedeutet — nach Inkrafttreten der Verfassung von 1871 im Zusammenhang mit dem Wortlaut des Art. 17 RV.

Wenn aber heute von verschiedenen Autoren behauptet wird, die herrschende Staatsrechtslehre jener Zeit habe dem mit der Ausfertigung befaßten Staatsoberhaupt das „Recht" zur formellen und materiellen Prüfung der Verfassungsmäßigkeit zugestanden[14], so erscheint das doch sehr fraglich.

Es wird z. B. Laband als Vertreter dieser Ansicht genannt[15]. Bei ihm[16] findet man aber immer nur Anhaltspunkte für die Befugnis zur formellen und nicht zur materiellen Prüfung. Laband schreibt wörtlich[17]:

„... Die Ausfertigung des Gesetzes enthält also die kaiserliche Versicherung, daß das Gesetz die Zustimmung des Reichstages und Bundesrates erhalten hat, d. h. den Anforderungen der Reichsverfassung gemäß zustande gekommen ist. Sie setzt demnach eine Prüfung *des Weges, den das Gesetzgebungswerk zurückgelegt hat*[18], voraus. Dem Kaiser als solchem steht zwar ein Veto gegen das Reichsgesetz nicht

---

[11] So auch *Küppers*, a.a.O., S. 23.
[12] Stenographische Berichte in Verhandlungen des Dritten Deutschen Juristentages, Berlin 1862, Bd. 1, S. 36.
[13] z. B. *von Pape* bei den Verhandlungen des 3. Deutschen Juristentages (Stenographische Berichte, Bd. 1, S. 38): „Bevor das Staatsoberhaupt die Gesetze verkündet, ist es seine Obliegenheit und sein Recht zu untersuchen, ob alle Vorbedingungen erfüllt sind, die ihn berechtigen, das Gesetz zu verkünden; und darüber hat das Staatsoberhaupt zu entscheiden."
[14] z. B. *Küppers*, a.a.O., S. 26, 27.
[15] *Küppers*, a.a.O., S. 26, Fn. 2.
[16] a.a.O., S. 42 ff.
[17] a.a.O., S. 42, 43.
[18] Hervorhebung vom Verfasser.

§ 6 Geschichtliche Entwicklung und Übersicht über die Literatur 41

zu; aber der Kaiser hat das Recht und die Pflicht zu untersuchen, ob das Gesetz in verfassungsmäßiger Weise die Zustimmung des Reichstages und Bundesrates und die Sanktion des durch den Bundesrat vertretenen Trägers der Reichsgewalt erhalten hat. Er hat daher insbesondere zu prüfen, ob im Bundesrate die Abstimmung nach den im Art. 7 der Reichsverfassung aufgestellten Regeln und ob die Beschlußfassung den Bestimmungen der Art. 5, 6a, 37 oder 78 der Reichsverfassung gemäß erfolgt ist; ob dem Gesetz, falls es jura singulorum berührt, der davon betroffene Bundesstaat zugestimmt hat; ob der Reichstag und Bundesrat die Gesetzesvorlage den bestehenden Vorschriften gemäß behandelt haben; ob zwischen den Beschlüssen beider Körperschaften völlige Übereinstimmung besteht usw.

... Es ist tatsächlich die Möglichkeit gegeben, daß der Kaiser, indem er die Ausfertigung aus einem *formellen Grunde versagt*, ein Veto ausübt."

An anderer Stelle heißt es bei Laband im Zusammenhang mit der Frage des richterlichen Prüfungsrechts[19]:

„... der Kaiser ist zum Wächter und Hüter der Reichsverfassung gesetzt. Ihm liegt es ob, darauf zu sehen, daß bei jedem Gesetzgebungsakt des Reiches alle *für die Reichsgesetzgebung geltenden Rechtssätze befolgt werden*[20]."

Liest man diese Äußerungen Labands und nimmt man seine zahlreichen Beispiele für den Gegenstand der vom Kaiser anzustellenden Prüfung hinzu[21], so dürfte klar sein, daß Laband kaum als Befürworter einer materiellen Prüfungsbefugnis des Kaisers angesehen werden kann, daß er im Gegenteil wohl nur an die formelle Prüfung gedacht hat[22].

Für den gegenzeichnenden Reichskanzler sagt Laband das ganz klar:

„Dagegen erstreckt sich die Verantwortlichkeit des Reichskanzlers nicht auf den materiellen Inhalt der Gesetzesvorschriften, auf welche er nach erfolgter Beschlußfassung des Reichstages und Bundesrates keinen Einfluß mehr auszuüben vermag[23]."

G. Jellinek[24] führt im Zusammenhang mit der Problematik des richterlichen Prüfungsrechts aus:

„In dieser Beurkundung (gemeint ist die Ausfertigung) liegt ebenfalls ... ein Urtheil, welches nur dann einer Überprüfung (ergänze: durch den Richter[25]) unterliegen kann, wenn eine solche ausdrücklich durch

---
[19] a.a.O., S. 46.
[20] Hervorhebung vom Verfasser.
[21] a.a.O., S. 47, 48, 49.
[22] Auch *Lindlar*, a.a.O., S. 37 versteht Laband in diesem Sinne.
[23] a.a.O., S. 53.
[24] Gesetz, S. 402.
[25] Ergänzung vom Verfasser.

Gesetz angeordnet ist. Es existiert somit in jedem Staate eine Instanz, welche über die *formelle und materielle*[26] Verfassungsmäßigkeit des Gesetzes durch ein in Form der Beurkundung auftretendes Urtheil entscheidet."

Das spricht zwar dafür, daß G. Jellinek die materielle Prüfungsbefugnis des Kaisers bejahte, steht aber in einem seltsamen Gegensatz zu seinen Ausführungen über die Rechtsnatur der Ausfertigung[27], wo es heißt: „Er (der Ausfertigende)[28] muß daher prüfen, ob das von ihm zu verkündende Gesetz den *verfassungsmäßigen Charakter*[29] eines solchen habe: ob die gesetzlichen Formen für die Kammerbeschlüsse beobachtet wurden, ob die Beschlüsse beider Kammern wörtlich miteinander übereinstimmen, ob bei verfassungsändernden Gesetzen den erschwerenden Formen Genüge geschehen sei usw. Er hat das Recht und die Pflicht, öffentlich zu bezeugen, daß *der Prozeß der Gesetzgebung*[30] gemäß den Vorschriften der Verfassung sich vollzogen habe."

Von materieller Verfassungsmäßig- bzw. -widrigkeit erwähnt Jellinek hier kein Wort. Ganz deutlich sprechen Meyer-Anschütz[31] ausschließlich von einer formellen Prüfungsbefugnis, wenn sie meinen, die Ausfertigung beurkunde die *Legalität des Gesetzgebungsverfahrens*[32] und dieser Punkt sei — neben der Echtheit des Gesetzestextes — zu prüfen.

Schon diese Beispiele aus den grundlegenden Schriften der wohl bedeutendsten Staatsrechtslehrer jener Zeit zeigen, daß die „allgemeine" Annahme der materiellen Prüfungsbefugnis doch nicht so „allgemein" war, wie man es heute oft darstellt. Viel eher könnte man sagen, daß eine materielle Prüfungsbefugnis des Kaisers nicht angenommen wurde.

Ganz abgesehen davon dürfte eines feststehen: Der Wortlaut des Art. 17 RV gibt für eine die materielle Prüfungsbefugnis bejahende Interpretation nicht das geringste her. So war auch eines der Hauptargumente der Befürworter der materiellen Prüfungsbefugnis des Kaisers das, daß es dem Kaiser „nicht zuzumuten" sei, verfassungswidrige Gesetze auszufertigen. Dieses Argument läßt den geistigen Hintergrund dieser Lehre unschwer erkennen. Daß man aus ihr keine Rückschlüsse auf die Rechtslage nach dem Grundgesetz ziehen kann, dürfte auf der Hand liegen.

Zur Zeit der Weimarer Verfassung hat der Streit um die Prüfungsbefugnis des Reichspräsidenten in der Staatspraxis keine bedeutsame Rolle gespielt. Der Grund hierfür war aber nicht etwa, daß die damalige die materielle Prüfungsbefugnis überwiegend bejahende Lehre so stark

---
[26] Hervorhebung vom Verfasser.
[27] Gesetz, S. 321.
[28] Ergänzung vom Verfasser.
[29] Hervorhebung vom Verfasser.
[30] Hervorhebung vom Verfasser.
[31] Vgl. auch bei *Meyer-Anschütz*, a.a.O., S. 687, das Zitat f.
[32] Hervorhebung vom Verfasser.

§ 6 Geschichtliche Entwicklung und Übersicht über die Literatur

gefestigt und wissenschaftlich unterbaut war, sondern vielmehr der, daß die Gesetzgebungspraxis mit dem Problem kaum konfrontiert wurde.

Die Reichsregierung legte nämlich in der Regel dem Reichspräsidenten ein vom Reichstag beschlossenes Gesetz, das sie selbst für verfassungswidrig hielt, erst gar nicht vor und teilte diese Tatsache dem Reichstag mit[33].

Ein weiterer Grund für die geringe Bedeutung der Frage in der Staatspraxis der Weimarer Zeit lag darin, daß die materielle Verfassungswidrigkeit eines Gesetzes nach damals herrschender Lehre dann unbeachtlich war, wenn das betreffende Gesetz unter Einhaltung der erschwerenden Formen der Verfassungsänderung (Art. 76 WV) beschlossen war. Die Frage der Verfassungsmäßig- bzw. -widrigkeit tauchte in diesen Fällen überhaupt nicht auf, weil — worauf noch zurückzukommen sein wird — ohne Änderung des Verfassungstextes eine (unter Umständen sogar unbeabsichtigte) zulässige Verfassungsänderung vorlag.

Es bestand daher kaum Anlaß, sich in der Gesetzgebungspraxis ernsthaft mit der Frage der materiellen Prüfungsbefugnis des Reichspräsidenten auseinanderzusetzen[34].

Dennoch ist ein Fall bekannt, in dem der Reichspräsident die Ausfertigung eines vom Reichstag beschlossenen Gesetzes zwar nicht endgültig verweigerte, immerhin aber zurückstellte, weil er verfassungsrechtliche Bedenken hatte[35].

---

[33] Vgl. die Beispiele bei *Anschütz*, a.a.O., Anm. 2 zu Art. 70: 1922 weigerte sich der Reichsminister der Finanzen, das vom Reichstag mit einfacher Mehrheit beschlossene Pensionskürzungsgesetz dem Reichspräsidenten zur Ausfertigung vorzulegen, weil es nach seiner Meinung der Verfassung widersprach. 1925 weigerte sich der Reichsarbeitsminister, das auf Grund eigener Initiative vom Reichstag beschlossene Gesetz zur Abänderung der Verfassung über die Fürsorgepflicht zur Ausfertigung vorzulegen, weil er der Ansicht war, daß der vom Reichsrat gem. Art. 74 WV erhobene Einspruch vom Reichstag nicht vorschriftsmäßig behandelt worden sei und deshalb „ein Gesetz, das zu verkünden wäre", nicht vorgelegen habe; vgl. dazu *Anschütz*, a.a.O., Anm. 8 zu Art. 74. In der Bundestagsdebatte vom 26. 2. 1954 (17. Sitzung des Zweiten Deutschen Bundestages) nennt der Abgeordnete Dr. Dehler noch weitere Fälle: Gesetz über Fürsten-Enteignung 1926, Freiheitsgesetz 1929; vgl. Sten. Pr., 2. Wahlperiode, S. 605).

[34] Dennoch entstanden politische Spannungen, weil auch andere an der Gesetzgebung beteiligte Stellen die Verfassungsmäßigkeit der Gesetze nachprüften und unter Umständen zu unterschiedlichen Ergebnissen gelangten. Das führte schließlich zu dem Plan der Errichtung des Staatsgerichtshofes für das Deutsche Reich. Vgl. hierzu *Külz*, a.a.O., S. 837 ff. und die eingehende Darstellung bei *Anders*, a.a.O., S. 655.

[35] Diesen Fall erwähnt C. *Arndt*, a.a.O., S. 605 mit weiteren Nachweisen: Der Reichspräsident hat die Unterzeichnung des deutsch-polnischen Liquidationsabkommens vom 31. 10. 1929 (Abkommen zur Regelung von Fragen des Teils X des Vertrages von Versailles) am 13. 3. 1930 einstweilen zurückgestellt, da im Reichsrat und Reichstag verfassungsrechtliche Bedenken aufgetaucht waren. Erst nachdem ihm die Verfassungsmäßigkeit bejahende Gutachten des Auswärtigen Amtes, der Reichsminister des Inneren und der Justiz sowie der Reichskanzlei vorlagen, fertigte er das Gesetz am 18. 3. 1930 aus.

II. Teil: Der Begriff der Ausfertigung im materiellen Sinne

Wie dieser — so weit ersichtlich einzige — Fall aus der Staatspraxis der Weimarer Republik zeigt, hat sich der Reichspräsident für befugt gehalten, die materielle Verfassungsmäßigkeit eines Gesetzes zu prüfen und bei Auftauchen von Bedenken die Ausfertigung zumindest zurückzustellen.

Dieses Verhalten konnte er auf die überwiegende Lehrmeinung zu Art. 70 WV stützen. Die materielle Prüfungsbefugnis wurde von dem weitaus überwiegenden Teil der Lehre bejaht[36]. Es gab aber auch Stimmen, die ihm nur die formelle, nicht aber auch die materielle Prüfungsbefugnis zugestanden[37].

Nach Inkrafttreten des Bonner Grundgesetzes wurde die Frage erneut aufgegriffen. Sie führte in einigen Fällen sogar zu Auseinandersetzungen in der Gesetzgebungspraxis.

Bereits im Jahre 1951 führte der Abgeordnete Dr. Carlo Schmid (SPD) jedoch in der 17. Sitzung des Zweiten Deutschen Bundestages aus:

„Der Herr Bundeskanzler hat gegenzuzeichnen, wenn festgestellt ist, daß das im Grundgesetz für die Gesetzgebung vorgesehene Verfahren getreulich eingehalten ist. Dasselbe gilt für die Ausfertigung durch den Bundespräsidenten. Weder der Herr Bundeskanzler noch der Herr Bundespräsident sind etwas wie Organe eines Vorverfahrens, das etwa einem Verfassungsgerichtshof vorgeschaltet wäre; sie haben nicht die Möglichkeit zu sagen: Dieses Gesetz erachten wir materiell für verfassungswidrig, also zeichnen wir nicht gegen und fertigen wir nicht aus. Sie haben zu prüfen, ob alles geschehen ist, was das Grundgesetz für einen Gesetzesbeschluß vorschreibt[38].

Diesen Ausführungen wurde im Plenum nicht widersprochen.

Abweichend davon erklärte der Abgeordnete Jacobi (SPD) in der 174. Sitzung des Deutschen Bundestages vom 14. 11. 1961:

„Die Prüfung der Vereinbarkeit der Gesetze mit dem Grundgesetz gehört nicht zu den Obliegenheiten der Bundesregierung. Hüter des Grundgesetzes ist der Bundespräsident. Im übrigen gibt es das richter-

---

[36] z. B. *Anschütz*, a.a.O., Anm. 2 zu Art. 70 und in VA Bd. 30, S. 347; *Thoma*, a.a.O., S. 278.
[37] *Triepel*, a.a.O., S. 536; *Grau*, a.a.O., S. 310; *Stier-Somlo*, a.a.O., S. 663.
[38] Sten. Pr. 1. Wahlperiode, Bd. 6, S. 4954: Professor Carlo Schmidt wandte sich mit dieser Erklärung gegen eine angeblich im Kabinett vertretene Auffassung, es bestehe die Möglichkeit, daß der Bundeskanzler bezüglich des hier diskutierten Gesetzes zur Verlängerung der Wahlperiode der Landtage der Länder Baden und Württemberg-Hohenzollern die Gegenzeichnung verweigere oder daß man sich weigere, den Gesetzesbeschluß dem Bundespräsidenten zur Ausfertigung weiterzuleiten. (Die Regierung hielt das Gesetz für grundgesetzwidrig.)

§ 6 Geschichtliche Entwicklung und Übersicht über die Literatur 45

liche Prüfungsrecht, so die Möglichkeit der Anrufung des Bundesverfassungsgerichts[39]."

In direkter Erwiderung darauf erklärte der damalige Justizminister Dr. Dehler:

„Meine Meinung ist es, daß der Bundespräsident selbstverständlich nicht nur das Recht hat, sondern auch die Pflicht hat, sowohl zu prüfen, ob ein Gesetz formell ordnungsgemäß zustandegekommen ist, als auch, ob es sachlich mit der Verfassung vereinbar ist. Deswegen haben wir ihm im Bundesverfassungsgerichtsgesetz für den Fall des Zweifels die Möglichkeit gegeben, die Verkündung auszusetzen und ein Gutachten des Bundesverfassungsgerichts einzuholen. Ich nehme für die Bundesregierung und für den Bundesminister auch das Recht in Anspruch, dann, wenn sie der Überzeugung sind, ein Gesetz sei nicht in Ordnung, sei nicht mit der Verfassung vereinbar, ihre Gegenzeichnung zu verweigern. Was dann folgt, das ist ein politischer Konflikt, der ausgetragen werden muß[40]."

In der 17. Sitzung des Zweiten Deutschen Bundestages vom 26. 2. 1954 erklärte der Abgeordnete Dr. Furler (CDU/CSU) zur Frage, ob dem zuständigen Bundesminister das Recht zustehe oder die Pflicht obliege, bei einem ordnungsgemäß zustandegekommenen Gesetz aus verfassungsrechtlichen Bedenken die Gegenzeichnung zu verweigern:

„Ich bin der Auffassung, daß das Grundgesetz zumindest in diesem Stadium ein solches Recht nicht verleiht. Es gewährt nicht das Recht, einen verfassungsmäßig vorgeschriebenen Akt, den der Gegenzeichnung, mit der Begründung zu verweigern, das Gesetz sei verfassungswidrig. Zum mindesten muß das Gesetz dem Herrn Bundespräsidenten vorgelegt werden, dem allerdings die überwiegende Meinung ein weitgehendes Prüfungsrecht zuspricht[41]."

Demgegenüber bejahte der Abgeordnete Dr. Dehler in derselben Sitzung abermals sowohl die materielle Prüfungsbefugnis der Bundesregierung als auch des Bundespräsidenten[42].

Der Bundespräsident selbst hielt sich im Jahre 1957 im Falle des Gesetzes zur Errichtung der Stiftung „Preußischer Kulturbesitz" zur Prüfung auch der materiellen Verfassungsmäßigkeit für befugt und übte diese angebliche Befugnis auch aus[43].

---

[39] Sten. Pr. 1. Wahlperiode, Bd. 9, S. 7153; ebenso die weiteren Ausführungen *Jacobis* in derselben Sitzung: Sten. Pr., Bd. 9, S. 7165 A u. B. (Es ging in der Debatte um die Anfrage der Fraktion der SPD betreffend die Verkündung der vom Bundestag und Bundesrat verabschiedeten Gesetze.)
[40] Sten. Pr. 1. Wahlperiode, Bd. 9, S. 7155 D.
[41] Sten. Pr. 2. Wahlperiode, Bd. 18, S. 601.
[42] Sten. Pr. 2. Wahlperiode, Bd. 18, S. 604.

Ebenso prüfte der Bundespräsident im Jahre 1960 auch die materielle Verfassungsmäßigkeit eines Gesetzes, als er wegen verfassungsrechtlicher Bedenken von seiten der Bundesminister des Innern und der Justiz hinsichtlich des Gesetzes gegen den Betriebs- und Belegschaftshandel trotz Gegenzeichnung durch Bundeskanzler und Bundesminister für Wirtschaft zunächst ein weiteres Gutachten einholte und — als dieses die Verfassungsmäßigkeit verneinte — den Präsidenten des Bundestages und des Bundesrates mitteilte, daß er sich wegen verfassungsrechtlicher Bedenken nicht habe entschließen können, das Gesetz auszufertigen und zu verkünden[44].

Anders nennt einen weiteren Fall aus dem Jahre 1963[45]. Er betrifft das Haushaltsgesetz von 1963. Der Bundespräsident wurde hier von dem Abgeordneten Dr. Möller (SPD) im Zusammenhang mit dem Ersten Gesetz zur Änderung des Beteiligungsverhältnisses an der Einkommen- und Körperschaftssteuer kritisiert, weil er das Haushaltsgesetz 1963 ausgefertigt und verkündet habe, obwohl der Haushalt nicht den Erfordernissen des Art. 110 GG entsprochen habe. In diesem Fall wurde dem Bundespräsidenten entgegen der Ansicht Carlo Schmids nicht nur die materielle Prüfungsbefugnis eingeräumt, sondern auch eine entsprechende Prüfungspflicht auferlegt.

Man sieht, daß auch in der Praxis des Deutschen Bundestages Unsicherheit sowohl über die Frage der materiellen Prüfungsbefugnis des Bundespräsidenten als auch der der gegenzeichnenden Regierungsmitglieder bestand und wohl auch noch besteht. Allerdings ist nicht zu verkennen, daß die Mehrheit der Stimmen dazu neigt, jedenfalls dem Bundespräsidenten eine derartige Befugnis zuzugestehen.

Das gilt auch für die überwiegende Meinung der heutigen Rechtslehre[46]. Interessant ist dabei jedoch, daß zwar ein großer Teil der Kommentare die materielle Prüfungsbefugnis bejaht, daß aber sehr häufig

---

[43] BGBl. 1957 I, S. 841: Es handelt sich um den bekannten Verfassungskonflikt. In seiner Sitzung vom 10. 12. 1957 beschloß der Bundesrat, im Wege der Organklage gegen den Bundespräsidenten die Feststellung zu beantragen, er sei zur Ausfertigung des Gesetzes nicht befugt gewesen. Er hielt das Gesetz aus verschiedenen Gründen für materiell verfassungswidrig und sah es auch wegen mangelnder Zustimmung des Bundesrates als nicht verfassungsgemäß zustandegekommen an.
[44] Diesen Fall erwähnt *Anders*, a.a.O., S. 653, und weist gleichzeitig darauf hin, daß bei der Vorlegung zur Ausfertigung und Verkündung erklärt worden sei, daß in Fällen, in denen keine offensichtliche Unvereinbarkeit mit dem Grundgesetz vorliege, Gegenzeichnung und Verkündung nicht abgelehnt werden dürfe, es vielmehr demjenigen, der entgegen der übereinstimmenden Meinung des Bundestages und Bundesrates die Unvereinbarkeit annehme, überlassen bleiben müsse, das Bundesverfassungsgericht anzurufen.
[45] a.a.O., S. 654.
[46] Vgl. für viele *Maunz-Dürig*, a.a.O., Rdnr. 2 zu Art. 82 mit zahlreichen Nachweisen; neuerdings wieder von *Münch*, a.a.O., S. 420.

entweder überhaupt keine Begründung gegeben oder manchmal sogar für die bejahende Meinung unterstützend auf Autoren hingewiesen wird, bei denen beim besten Willen keine Bejahung der materiellen Prüfungsbefugnis ersichtlich ist. Ein Beispiel bietet der Kommentar von Hamann[47]: Als die materielle Prüfungsbefugnis des Bundespräsidenten bejahend zitiert er zunächst eine Entscheidung des Bundesverfassungsgerichts[48]. Ein Blick auf die betreffende Stelle des Urteils zeigt aber sofort, daß sich das Bundesverfassungsgericht mit der Problematik überhaupt nicht auseinandergesetzt hat und auch nicht hat auseinandersetzen wollen. Es hatte hier die Frage zu entscheiden, ob die Normenkontrolle bei Vertragsgesetzen schon vor der Verkündung zulässig ist und hat das bejaht. Die Frage der Prüfungsbefugnis des Bundespräsidenten ließ es ausdrücklich außer Betracht und stellte lediglich fest, daß diese Prüfungsbefugnis gegenüber der Prüfung durch das Bundesverfassungsgericht „nur vorläufig" sei, ohne mit einem einzigen Wort auf den Unterschied von formeller einerseits und auch materieller Prüfung andererseits einzugehen.

Ebenso drückte sich Herrfahrdt[49] — auch von Hamann und ganz allgemein als die materielle Prüfungsbefugnis bejahend zitiert — nicht sehr klar zu dieser Frage aus. Auch Maunz — ebenfalls von Hamann zitiert — bezieht in seinem Lehrbuch nicht eindeutig Stellung[50], sondern sagt gar nichts zur materiellen Prüfungsbefugnis, zumal das Beispiel, das er bringt, ein Fall der formellen Prüfung ist.

Gegen die materielle Prüfungsbefugnis haben sich in erster Linie Laforet[51], Peters[52] sowie Wertenbruch[53] ausgesprochen. Auf sie wird — ebenso wie auf die übrige Literatur zu Art. 82 GG — bei den folgenden Erörterungen zurückzukommen sein[54].

§ 7 Die rechtsmethodische Behandlung der Frage

Wie bereits oben (S. 37 ff.) zum Ausdruck gebracht, ist die Frage des Umfanges der Prüfungsbefugnis des Bundespräsidenten nicht an Hand des bloßen Wortlauts des Art. 82 GG zu beantworten. Ihre Klärung erfordert daher eine sorgfältige Auslegung, deren Ergebnis nicht zuletzt von der angewandten Methodik abhängig ist.

---

[47] a.a.O., Erl. 4 zu Art. 82.
[48] BVerfGE, Bd. 1, S. 396 ff. (413).
[49] In BK, Erl. II zu Art. 82.
[50] a.a.O., S. 209.
[51] a.a.O., S. 54.
[52] In Kölnische Rundschau vom 20. 3. 1952.
[53] a.a.O., S. 204 ff.
[54] Neuerdings auch *Friesenhahn*, a.a.O., S. 679.

48   II. Teil: Der Begriff der Ausfertigung im materiellen Sinne

Ohne die ganze Problematik der Verfassungsauslegung auch nur zu berühren[55], sollen daher zunächst zum besseren Verständnis der folgenden Erörterungen einige Hinweise darauf gegeben werden, welche Interpretationsmethoden im wesentlichen angewandt werden.

Dahingestellt bleiben muß die Frage, ob überhaupt grundsätzlich die von der juristischen Methodenlehre entwickelten allgemeinen Regeln Geltung auch für die Verfassungsinterpretation haben können. Eine Verfassung legt die Grundordnung eines Gemeinwesens fest[56] und ist daher mehr als jedes andere Gesetz auf Dauerhaftigkeit angelegt. Zum Schutze dieser Grundordnung gegenüber dem Gesetzgeber gibt es den Art. 79 Abs. 3 GG. Gegen die Interpretation durch Rechtsprechung und Rechtslehre vermag diese Vorschrift jedoch nicht zu schützen, so daß — worauf Ossenbühl[57] mit Recht hinweist — die Gefahren, die der Verfassung durch Interpretation und damit unter Umständen verbundener „Rechtsfortbildung" drohen, weit größer sind, als diejenigen, die vom Gesetzgeber ausgehen könnten[58].

Berücksichtigt werden bei der Verfassungsauslegung muß ferner die Verknüpfung von Recht und Politik, die in keinem Gesetz derart wirksam ist wie im Verfassungsgesetz. Ein Gesichtspunkt der Verfassungsauslegung muß daher die Enthüllung der hinter den einzelnen Rechtssätzen stehenden politischen Vorentscheidungen sein[59].

Unter Berücksichtigung dieser Erkenntnisse werden die folgenden Erörterungen im wesentlichen entsprechend dem Stande der Methodik, wie sie bis heute die Rechtsprechung des Bundesverfassungsgerichts und die herrschende Lehre entwickelt haben, erfolgen.

Gegenstand der Auslegung wird nicht der „subjektive Wille" des „historischen Gesetzgebers" sein[60], sondern — in Anlehnung an die Rechtsprechung des Bundesverfassungsgerichts[61] — der in der gesetzlichen Vorschrift *objektivierte* Wille des Gesetzgebers.

Ausgangspunkt wird die Wortinterpretation sein[62]. Jedoch gibt die *grammatische Auslegung* — wie oben (S. 37 f.) bereits angedeutet — kaum zufriedenstellende Erkenntnisse.

---

[55] Vgl. hierzu neuerdings *Ossenbühl*, a.a.O., S. 649 ff. mit vielen Hinweisen.
[56] *Ossenbühl*, a.a.O., S. 649.
[57] a.a.O., S. 650.
[58] Vgl. z. B. das interessante Beispiel *Krügers*, a.a.O., S. 725, hinsichtlich der Judikatur des Bundesverwaltungsgerichts zu Art. 14 Abs. 1 Satz 2 GG.
[59] *Ossenbühl*, a.a.O., S. 650, 651 mit zahlreichen weiteren Nachweisen, der aber mit Recht auf die darin liegenden Gefahren durch Hineinbringen subjektiv bedingter Einflüsse wie Werturteile, Überzeugungen und Sympathien in die Verfassungsinterpretation hinweist.
[60] Das wäre die sogenannte „subjektive Methode", der etwa Nawiasky folgt. Von ihr geht auch *Küppers*, a.a.O., S. 36 in seiner Untersuchung aus.
[61] BVerfGE Bd. 1, S. 312; Bd. 11, S. 130.
[62] BVerfGE Bd. 11, S. 84, 85.

Über den Wortlaut hinaus wird daher die *logische Interpretation* versucht, wobei in erster Linie die Frage nach der gegenseitigen begrifflichen Abhängigkeit von materieller und formeller Prüfung zu stellen sein wird, die ja ein Hauptargument der die materielle Prüfungsbefugnis bejahenden Lehre darstellt.

Das Hauptgewicht wird schließlich bei der *systematisch-teleologischen Fragestellung*[63] liegen, wobei Art. 82 GG im Zusammenhang mit der Gesamtregelung des Grundgesetzes betrachtet werden und die Frage nach seinem Sinn, Zweck und Ziel gestellt werden wird.

Ein Blick auf die Gesetzesmaterialien und die Entstehungsgeschichte des Art. 82 GG *(historische Auslegung)* zeigt, daß von daher keine Erkenntnisse gewonnen werden können, zumal dieser Interpretationsmethode nur insofern Bedeutung zukommt, „als sie die Richtigkeit einer nach den angegebenen Grundsätzen ermittelten Auslegung (lediglich[64]) bestätigt oder Zweifel behebt, die auf dem angegebenen Weg allein nicht ausgeräumt werden können"[65].

Grundsätzlich wird davon ausgegangen, daß die unterschiedlichen Interpretationsarten nebeneinander erlaubt sind und sich gegenseitig ergänzen[66].

§ 8 Die Prüfungsbefugnis des Bundespräsidenten

1. Die Wortinterpretation

Wie in § 5 bereits umrissen, sind vom Bundespräsidenten (nur) „die nach den Vorschriften des Grundgesetzes zustandegekommenen Gesetze" auszufertigen. Das heißt, daß das Grundgesetz davon ausgeht, daß auch solche „Gesetze" denkbar sind, die diesen Anforderungen nicht genügen. Letztere von ersteren zu unterscheiden ist Aufgabe des Ausfertigenden. Die Unterscheidung kann nur durch eine auf sie abzielende Prüfung erfolgen. Welcher Art diese Prüfung ist, welchen Umfang sie hat, hängt davon ab, was unter der Formulierung „nach den Vorschriften des Grundgesetzes zustandegekommen" zu verstehen ist.

Man könnte zunächst sagen, daß — da der Formulierung jedenfalls auf den ersten Blick eine Einschränkung nicht zu entnehmen ist — offenbar *alle* Vorschriften des Grundgesetzes gemeint sind, daß Art. 82 GG also die volle Übereinstimmung mit sämtlichen Artikeln des Grundgesetzes verlangt. Schon das Sprachgefühl wehrt sich aber gegen diese Sicht, denn man fragt sofort, warum dann der Gesetzgeber nicht die viel näher liegende Formulierung „in Übereinstimmung mit dem Grund-

---

[63] BVerfGE Bd. 8, S. 274 ff. (307); Bd. 8, S. 210 ff. (221); Bd. 13, S. 72.
[64] Ergänzung vom Verfasser.
[65] BVerfGE Bd. 1, S. 312.
[66] BVerfGE Bd. 11, S. 126 ff. (130).

gesetz" oder — noch deutlicher — etwa „nach ihrem Zustandekommen sind die Gesetze... auszufertigen, soweit sie mit dem Grundgesetz vereinbar sind". Gerade die enge Verbindung des Wortes „zustandegekommen" mit der Wendung „nach den Vorschriften dieses Grundgesetzes" erzeugt die Unklarheit, insbesondere wenn man an Art. 78 GG denkt, in dem gesagt ist, daß ein Gesetz zustandekommt, wenn ganz bestimmte Verfahrensvoraussetzungen vorliegen, mit keinem Wort aber von der inhaltlichen Übereinstimmung dieses Gesetzes mit dem Grundgesetz die Rede ist.

Das zeigt, daß die reine Wortinterpretation auf keinen Fall zwingend die Annahme einer umfassenden Prüfungsbefugnis zuläßt.

Dennoch bringt sie eine nicht bestrittene und auch nicht bestreitbare Erkenntnis: Da rein logisch nur zwei Möglichkeiten bestehen, nämlich daß entweder die volle formelle und materielle Übereinstimmung oder nur die mit den Verfahrensvorschriften des Grundgesetzes gemeint sein kann, führt die Wortinterpretation zu dem sicheren Ergebnis, daß auf jeden Fall die Übereinstimmung mit den Verfahrensvorschriften verlangt ist. Denn wäre volle Übereinstimmung verlangt, würde diese auch die formelle Verfassungsmäßigkeit beinhalten, wäre erstere nicht verlangt, könnte in Art. 82 GG nur noch die Vereinbarkeit mit den Verfahrensvorschriften des Grundgesetzes gemeint sein.

Mit Sicherheit ergibt sich daher vom Wortlaut her, daß vor der Ausfertigung vom Bundespräsidenten zu prüfen ist, ob das ihm zur Ausfertigung vorliegende Gesetz in Übereinstimmung mit den Verfahrensvorschriften zustandegekommen ist oder nicht. Ihm steht also die sogenannte „formelle Prüfungsbefugnis" zu[67]. In ihrem Rahmen entscheidet er frei und in eigener Verantwortung[68].

Die Frage, ob das Grundgesetz ihm auch die materielle Prüfungsbefugnis gewährt, kann allein aus dem Wortlaut des Art. 82 GG nicht beantwortet werden[69].

Dieses die formelle Prüfungsbefugnis bejahende Ergebnis entspricht auch — was nicht übersehen werden sollte — der Formulierung in Art. 78 GG, der klärt, was das Grundgesetz unter dem „Zustandekommen" eines vom Bundestag beschlossenen Gesetzes versteht, nämlich ausschließlich eine ganz bestimmte Verfahrenslage ohne Rücksicht darauf, ob das Gesetz im übrigen den materiellen Vorschriften und den in Art. 78 GG nicht genannten Verfahrensvorschriften entspricht. Daraus kann

---

[67] Unbestritten, vgl. für viele *Maunz-Dürig*, Rdnr. 2 zu Art. 82; *Herrfahrdt* in BK, Erl. II 1 zu Art. 82; *Nawiasky*, a.a.O., S. 112, 113; *Küppers*, a.a.O., S. 46; *Wertenbruch*, a.a.O., S. 201; *Laforet*, a.a.O., S. 54.
[68] Vgl. hierzu *Küppers*, a.a.O., S. 47 ff.
[69] Das gibt auch *Küppers* zu, a.a.O., S. 55.

zwar nicht der Schluß gezogen werden, daß in Art. 82 GG nur die formellen Voraussetzungen des Zustandekommens im Sinne des Art. 78 GG gemeint seien. Es dürfte aber zumindest ein Indiz dafür sein, daß die „Vorschriften", an die Art. 82 GG denkt, lediglich die Formvorschriften und nicht auch die materiellen Vorschriften des Grundgesetzes sind[70].

Die formelle Prüfung, zu der der Bundespräsident befugt ist, bezieht sich darauf, ob der vom Grundgesetz vorgeschriebene Weg der Gesetzgebung eingehalten ist, ob die für ihn vorgesehenen Verfahrensvorschriften beachtet worden sind. Das sind in erster Linie die der Art. 70 ff. GG: Die Prüfung umfaßt also die Frage, ob für das Gesetz die Gesetzgebungskompetenz des Bundes gegeben ist (Art. 71 bis 75 GG), ob das Initiativrecht des einbringenden Gremiums gegeben war (Art. 76, aber auch Art. 29[71]), ob die verfahrensrechtliche Koppelung zwischen dem Initiativrecht der Bundesregierung und dem des Bundesrates eingehalten worden ist (Art. 76 Abs. 2 und 3[72]), ob die Verfahrensvorschriften des Art. 77 beachtet worden sind und ob die Voraussetzungen für das Zustandekommen des Gesetzes im Sinne des Art. 78 GG vorgelegen haben. Der Bundespräsident hat weiter zu prüfen — worauf noch zurückzukommen sein wird —, ob bei verfassungsändernden Gesetzen die Zweidrittel-Mehrheit im Bundestag und Bundesrat vorgelegen hat (Art. 79 Abs. 2).

Die Prüfung erstreckt sich aber nicht darauf, ob auch die in den Geschäftsordnungen niedergelegten Verfahrensvorschriften eingehalten worden sind[73]. In Art. 82 GG heißt es: „nach den Vorschriften *dieses Grundgesetzes*" und nicht auch nach den „Geschäftsordnungen" zustandegekommen. Vom Bundespräsidenten nicht nachzuprüfen ist daher z. B., ob bei Gesetzesinitiativen aus der Mitte des Bundestages die Vorschrift des § 97 GOBT eingehalten worden ist.

2. Die logische Interpretation

Wenn bisher festgestellt worden ist, daß nach dem insoweit eindeutigen Wortlaut des Art. 82 GG dem Bundespräsidenten eine formelle Prüfungsbefugnis zusteht, so erhebt sich die Frage, ob nicht im Wege der logischen Interpretation Aussagen auch über eine eventuelle materielle Prüfungsbefugnis gemacht werden können.

Das Kernproblem bietet hier das bereits oben (S. 11) erwähnte Hauptargument derjenigen Autoren, die dem Bundespräsidenten auch die materielle Prüfungsbefugnis zuerkennen.

---

[70] Vgl. hierzu jetzt auch *Friesenhahn*, a.a.O., S. 679.
[71] Gem. Art. 29 hat auch das Volk ein Initiativrecht, wenn es um die beabsichtigte Änderung von Ländergrenzen geht, vgl. *Maunz-Dürig*, a.a.O., Rdnr. 1 zu Art. 76; *Herrfahrdt* in BK, Erl. II 5 zu Art. 76.
[72] *Maunz-Dürig*, a.a.O., Rdnr. 1 zu Art. 76.
[73] *Vogel*, a.a.O., S. 28 für die Weimarer Verfassung.

Man argumentiert in folgender Weise: Eine Trennung von materieller und formeller Verfassungsmäßig- bzw. -widrigkeit sei deshalb nicht haltbar, weil jedes materiell verfassungswidrige Gesetz auch notwendigerweise formell nicht in Übereinstimmung mit dem Grundgesetz zustandegekommen sei[74], weil eben die für eine *Verfassungsänderung* einzuhaltenden *Verfahrensvorschriften* nicht beachtet worden seien[75]. Schon daraus ergebe sich logischerweise die umfassende Prüfungsbefugnis des Bundespräsidenten.

Auf die rein sprachliche Inkonsequenz derjenigen, die sich dieses Arguments bedienen, wurde bereits in der Einleitung hingewiesen, ebenso auf die interessante Tatsache, daß selbst der Grundgesetzgeber und das Bundesverfassungsgericht zwischen formeller und materieller Verfassungsmäßig- bzw. -widrigkeit unterscheiden[76].

Darüber hinaus weist z. B. bereits Grau[77] nicht zu Unrecht darauf hin, daß man — völlig unabhängig von der logischen Richtigkeit bzw. Unrichtigkeit der begrifflichen Trennung — sich innerhalb der konstitutionellen Entwicklung, auch wo die Verfassungsänderung von bestimmten formellen Voraussetzungen innerhalb des ordentlichen Gesetzgebungsweges abhängig war, sich nicht gescheut hat, zwischen der Prüfung des (formell) verfassungsmäßigen Zustandekommens und der inhaltlichen Verfassungsmäßigkeit einen sachlichen Unterschied zu machen.

„Sollte dies begrifflich zu beanstanden sein" — so meint Grau — „wäre es eine legitimierte Unlogik, die man bei der Auslegung der Weimarer Verfassung nicht schlechthin beiseite schieben könnte." Danach würde die Frage des Bestehens einer materiellen Prüfungsbefugnis nicht mehr in den „Bereich logisch-juristischer Beweisbarkeit" gehören[78].

So viel die Ausführungen Graus auch für sich haben mögen, so wenig kann man sich mit ihnen zufrieden geben. Es bleibt die Frage, ob die Differenzierung von formeller und materieller Verfassungsmäßig- bzw. widrigkeit tatsächlich begrifflich ausgeschlossen ist und darum den Ansprüchen der Logik widerspricht.

Soweit ersichtlich, weist als erster Frormann darauf hin, daß eine Beschränkung auf die „formelle" Prüfungsbefugnis an der Unmöglichkeit der begrifflichen Trennung zwischen formeller und materieller Verfassungsmäßig- bzw. -widrigkeit scheitere[79].

---

[74] C. *Arndt*, a.a.O., S. 605.
[75] So etwa heute *Schäfer*, a.a.O., S. 434, 435; *Maunz-Dürig*, a.a.O., Rdnr. 2 zu Art. 82; auch *Wertenbruch*, a.a.O., S. 203, der die materielle Prüfungsbefugnis ablehnt, sieht dieses Argument „als in etwa ernst zu nehmen" an.
[76] Vgl. oben S. 12 ff.; ebenso *Lindlar*, a.a.O., S. 40.
[77] a.a.O., S. 310, 311.
[78] Vgl. hierzu *Anders*, a.a.O., S. 655, der, obwohl er die materielle Prüfungsbefugnis bejaht, das hier erörterte Argument selbst als „reichlich konstruktionell" bezeichnet.
[79] *Frormann*, a.a.O., S. 31 ff. (S. 59).

§ 8 Die Prüfungsbefugnis des Bundespräsidenten

Aufgenommen wird diese Argumentation von Anschütz[80], der ausführt, „daß ein sachlicher Unterschied zwischen formeller und materieller Verfassungsmäßigkeit bzw. -widrigkeit in Wahrheit nicht besteht. Wenn und soweit ein Reichsgesetz inhaltlich der Verfassung widerspricht, ohne daß bei der Beschlußfassung die erschwerenden Formen der Verfassungsänderung (Art. 76 WV) beachtet worden sind, so ist es eben nicht formell-verfassungsmäßig zustandegekommen, woraus folgt, daß auch in diesem Falle die Ausfertigung versagt werden muß"[81].

Anschütz sieht also die Verknüpfung von formeller und materieller Verfassungsmäßig- bzw. -widrigkeit darin, daß eine formelle Prüfung ohne inhaltliche Kontrolle dem Reichspräsidenten überhaupt nicht möglich sei, weil das verfassungsmäßig vorgeschriebene Gesetzgebungsverfahren für ein inhaltlich der Verfassung entsprechendes Gesetz ein anderes sei, als das für ein der Verfassung widersprechendes Gesetz. Der Reichspräsident müßte danach als Vorfrage prüfen, ob das Gesetz inhaltlich mit der Verfassung übereinstimmt oder nicht, um entscheiden zu können, ob das Gesetzgebungsverfahren nur über Art. 68 ff. WV oder über Art. 76 WV laufen mußte.

Hier zeigt sich der Kerngedanke seiner Auffassung: Für Anschütz ist Art. 76 WV eine *Verfahrensvorschrift* für das Zustandekommen von Gesetzen, genauer gesagt, für das Zustandekommen ganz spezieller, nämlich verfassungsändernder Gesetze. Für sie schreibt Art. 76 WV die Zweidrittel-Mehrheit vor, was Anschütz veranlaßte, in Art. 76 WV eine reine Verfahrensvorschrift für das Zustandekommen von der Verfassung widersprechenden Gesetzen zu sehen.

Das entsprach der damaligen überwiegenden Auffassung in der Rechtslehre, die Art. 76 WV — jedenfalls in der Konsequenz — den übrigen Verfahrensvorschriften der Weimarer Verfassung für das Zustandekommen von Gesetzen einreihte. In Übereinstimmung mit dem Reichsgericht[82] stand die damals herrschende Lehre auf dem Standpunkt (und auch die Gesetzgebungspraxis verhielt sich danach), daß es für die Wirksamkeit einer Verfassungsänderung nicht erforderlich sei, daß sie vom Gesetzgeber ausdrücklich als solche angesehen wurde.

Um ganz deutlich zu machen, was damals allgemein für die Weimarer Verfassung angenommen wurde, sei Anschütz[83] wörtlich zitiert:

„Für die Wirksamkeit einer Verfassungsänderung ist nicht erforderlich, daß sie vom Gesetzgeber ausdrücklich als solche bezeichnet oder gar in die Verfassung als solche aufgenommen wird[84].

---

[80] a.a.O., Anm. 2 zu Art. 70.
[81] Vgl. auch seine Ausführungen in VA Bd. 30, S. 347.
[82] z. B. RG in JW 1927, S. 2198.
[83] a.a.O., Anm. 2 zu Art. 76.
[84] So wörtlich auch die Entscheidung des Reichsgerichts in JW 1927, S. 2198.

... Eine Verfassungsänderung kann nicht nur *ausdrücklich*, d. h. durch Änderung oder Ergänzung des *Textes* der Verfassung und ihrer einzelnen Artikel, sndern auch *stillschweigend*, d. h. in der Weise vorgenommen werden, daß — unter Beachtung der durch Art. 76 angeordneten *besonderen Formen*[85] — gesetzliche Vorschriften erlassen werden, die zwingenden Normen der Verfassung widersprechen, von ihnen abweichen oder sie — ohne ihre Geltung im übrigen und im allgemeinen aufzuheben — für Einzelfälle durchbrechen[86]."

Die herrschende Lehre zu Art. 76 WV anerkannte also die Möglichkeit der sogenannten Verfassungsdurchbrechung (der Verfassungsänderung ohne Verfassungstextänderung) in einem Ausmaß, daß selbst stillschweigende oder sogar unbewußte Verfassungsdurchbrechungen rechtswirksam waren, wenn nur die Form des Art. 76 WV vom Reichstag beachtet war[87].

So gesehen, war Art. 76 WV allerdings nichts mehr als eine reine Verfahrensvorschrift für das Zustandekommen ganz bestimmter Gesetze, nämlich solcher, die den Vorschriften der Verfassungsurkunde widersprachen. Auf dem Boden dieser Lehre konnte man daher begründetermaßen in strengem Sinne des Wortes von „verfassungsändernden" Gesetzen sprechen, denn jedes unter Beachtung der Formen des Art. 76 WV beschlossene Gesetz „änderte" die Verfassung, so daß der wirkliche Stand des Verfassungsrechts nur festzustellen war, wenn man einmal die in der Verfassungsurkunde selbst enthaltenen Normen, sodann aber auch alle anderen, außerhalb dieser Urkunde stehenden, mit verfassungsändernden Mehrheiten beschlossenen Gesetze heranzog.

Zum Verständnis des gedanklichen Hintergrundes der von Frormann und Anschütz aufgestellten These sind also zwei Feststellungen von eminenter Bedeutung:

1. Man sah in Art. 76 WV in erster Linie eine reine Formvorschrift.
2. Man anerkannte die Zulässigkeit der sogenannten Verfassungsdurchbrechung und verlangte nicht, daß ein verfassungsänderndes Gesetz nach dem *Willen* und dem *Bewußtsein* der gesetzgebenden Gremien von vornherein die Verfassungsänderung auch *zum Ziele* haben mußte.

Die dem Argument zugrunde liegende Gedankenkette war also folgende:
1. Der Reichspräsident hat zu prüfen, ob die Verfahrensvorschriften für das Zustandekommen der zur Ausfertigung vorliegenden Gesetze eingehalten worden sind.

---
[85] Diese Hervorhebung durch Verfasser.
[86] Den Stimmen, die sich gegen diese Lehre erhoben, gab Anschütz zwar de lege ferenda recht, nicht aber de lege lata, a.a.O., Anm. 2 zu Art. 76 (Fn. 1).
[87] Vgl. hierzu z. B. W. *Jellinek* in HdbDStR, Bd. II, S. 188.

2. Art. 76 WV ist eine solche Verfahrensvorschrift.
3. Also muß der Reichspräsident prüfen, ob auch dieses Verfahren eingehalten ist.
4. Dazu muß er vorher prüfen, ob die Einhaltung dieser Verfahrensvorschrift überhaupt erforderlich war.
5. Also muß er prüfen, ob das Gesetz inhaltlich mit der Verfassung übereinstimmt oder nicht.

Es mag dahingestellt bleiben, ob diese Auslegung des Art. 76 WV richtig war oder nicht. Bedenken bestehen aus mancherlei Gründen und sind auch bereits zur Weimarer Zeit erhoben worden[88].

Der dem Art. 76 WV entsprechende Art. 79 GG läßt heute jedenfalls eine Interpretation im Sinne der oben umrissenen Rechtslehre als reine Verfahrensvorschrift nicht mehr zu, so daß auch die Anschützsche These von der begrifflich logischen Verknüpfung von formeller und materieller Verfassungswidrigkeit heute keine Gültigkeit mehr hat.

Diejenigen Autoren, die sich ihrer heute noch bedienen, verkennen den grundsätzlichen Unterschied zwischen Art. 76 WV und Art. 79 GG und übernehmen unzulässigerweise Lehren aus der Weimarer Zeit, die bereits damals fragwürdig waren.

Der sofort in die Augen springende und auch bedeutsamste Unterschied zwischen den beiden Verfassungsnormen liegt in Art. 79 Abs. 1 Satz 1 GG. Danach kann eine Änderung des Grundgesetzes nur durch eine Grundgesetztextänderung erfolgen. Sieht man einmal von dem später eingefügten (und im übrigen hinsichtlich seiner Verfassungsmäßigkeit umstrittenen[89]) Sonderfall des Art. 79 Abs. 1 Satz 2 GG ab, bedeutete Satz 1 schlechthin ein Verbot von „Verfassungsdurchbrechungen", wie sie zur Weimarer Zeit anerkannt und üblich waren. Nach Art. 79 Abs. 1 Satz 1 GG kann kein Gesetz, das sich nicht in Übereinstimmung mit dem Grundgesetz befindet, erlassen werden, ohne daß (logisch vorher) der Text des Grundgesetzes so abgeändert wird, daß das zu erlassende Gesetz sich wieder im Einklang mit dem Grundgesetz befindet[90].

Das ist etwas völlig anderes als das, was man zur Weimarer Zeit in Art. 76 WV sah: Es liegt in Art. 79 Abs. 1 Satz 1 GG der Grundsatz, daß sich sämtliche von den gesetzgebenden Körperschaften zu erlassenden Gesetze in Übereinstimmung mit dem Text des Grundgesetzes befinden müssen, daß ein Gesetz, das diesem Erfordernis nicht entspricht, *verboten* ist.

---

[88] Vgl. die Hinweise bei W. *Jellinek*, HdbDStR, Bd. II, S. 188; *Jacobi*, a.a.O., S. 263.
[89] Vgl. hierzu *Maunz-Dürig*, a.a.O., Rdnr. 5, 6 ff. zu Art. 79 mit zahlreichen weiteren Hinweisen.
[90] *Herrfahrdt* in BK, Erl. II 1 zu Art. 79.

Art. 79 Abs. 1 Satz 1 GG ist daher mehr als eine Verfahrensvorschrift, denn er stellt den materiellen Grundsatz auf, daß es nur eine einzige Art von wirksamen Gesetzen gibt, nämlich solchen, die dem Grundgesetztext nicht widersprechen. Das heißt, daß der Gesetzgeber, falls er den Erlaß eines Gesetzes, das dem Grundgesetztext widerspricht, für erforderlich hält, (zumindest logisch) vorher den Text des Grundgesetzes ändern muß, um das (nunmehr grundgesetzkonforme) Gesetz erlassen zu können. Das heißt weiter, daß nach Art. 79 GG der Gesetzgeber bei der Schaffung eines solchen Gesetzes von Anfang an einmal das *Bewußtsein* haben muß, ein dem bisherigen Verfassungsrecht widersprechendes Gesetz zu schaffen und darüber hinaus auch das *Ziel* verfolgen muß, die Verfassungsurkunde abzuändern.

So gesehen, gibt es im strengen Sinne des Wortes keine „verfassungsändernden" Gesetze mehr, sondern nur eine Verfassungstextänderung, die den Erlaß eines nunmehr verfassungsmäßigen einfachen Gesetzes ermöglicht, wobei letzteres dann den ganz normalen Entstehungsweg eines einfachen Gesetzes durchläuft.

Ein Gesetz also, das beschlossen wird, ohne daß man in den gesetzgebenden Gremien seine Verfassungswidrigkeit erkannte, ist — selbst wenn es mit den Mehrheiten des Art. 79 GG beschlossen wäre — nicht geeignet, das Grundgesetz zu ändern. Es ist demnach auch kein „verfassungsänderndes Gesetz" und kann und darf nicht unter dem Gesichtspunkt des Art. 79 GG betrachtet werden. Für ein solches Gesetz gibt das Grundgesetz — insbesondere nicht Art. 79 GG — keine Verfahrensvorschrift, sondern verbietet es schlechthin. Es ist materiell grundgesetzwidrig, hat aber mit den Gesetzgebungsfällen, an die Art. 79 Abs. 1 und 2 GG denkt, nicht das geringste zu tun. Es kann darum sehr wohl den Verfahrensvorschriften des Grundgesetzes gemäß zustandekommen, also formell verfassungsmäßig sein. Weil es dem Grundgesetztext widerspricht, ist es jedoch materiell verfassungswidrig und aus diesem Grunde nichtig[91]. Mit anderen Worten: Wenn in einem solchen Falle der Grundgesetztext nicht geändert worden ist und der Gesetzgeber dadurch nicht zum Ausdruck gebracht hat, daß sein Tätigwerden von vornherein auf eine Grundgesetzänderung abzielte, ist nicht ein für den Erlaß des Gesetzes erforderliches *Verfahren* verletzt worden, denn für diesen Fall gibt es kein Verfahren im Grundgesetz, sondern der sich aus Art. 79 GG ergebende materielle Grundsatz, daß sich sämtliche Gesetze in Übereinstimmung mit dem Grundgesetztext befinden müssen.

Eine reine Verfahrensvorschrift liegt lediglich in Art. 79 Abs. 2 GG. Sie regelt aber nicht das Verfahren für den wirksamen Erlaß eines „verfassungswidrigen" Gesetzes (was, wenn es der Fall wäre, allerdings die

---

[91] Vgl. § 78 BVerfGG.

§ 8 Die Prüfungsbefugnis des Bundespräsidenten

begriffliche Untrennbarkeit zwischen formeller und materieller Verfassungsmäßigkeit zur Folge hätte), sondern das Verfahren bei der Änderung des Textes der Verfassungsurkunde durch den Gesetzgeber. Nur im letzteren Fall könnte man vielleicht von einem „verfassungsändernden" Gesetz sprechen, besser wäre es jedoch, man würde diesen Vorgang als eine „Verfassungsänderung durch Gesetz" bezeichnen.

Es ist also in folgender Weise zu unterscheiden:
1. Art. 79 Abs. 1 und 2 GG ist keine Verfahrensvorschrift für das Zustandekommen einfacher („verfassungswidriger") Gesetze.
2. Das Verfahren für den Erlaß einfacher Gesetze regelt sich nur nach Art. 76 bis 78 GG.
3. Art. 79 GG ermöglicht lediglich den Sonderfall der Grundgesetztextänderung.
4. Für diese Änderung schreibt Art. 79 Abs. 2 GG ein bestimmtes Verfahren vor.

Mit anderen Worten: Art. 79 GG regelt den Fall einer dem Gesetzgeber *bewußten* Schaffung eines Gesetzes, das gegen *bisheriges* Verfassungsrecht verstößt, nicht aber den der zufälligen, vom Gesetzgeber *nicht erkannten* Verfassungswidrigkeit. Für den letzteren Fall gibt es keine Verfahrensvorschriften.

Bei der Ausübung der formellen Prüfung kann der Bundespräsident daher auch nicht in einem Falle, in dem ihm keine Grundgesetztextänderung vorliegt, auf Art. 79 Abs. 1 und 2 GG stoßen, weil in dieser Vorschrift überhaupt kein Verfahren für das Zustandekommen einfacher Gesetze geregelt ist. Er kann — falls man ihm die umfassende Prüfungsbefugnis zugestehen wollte — daher entgegen der herrschenden Meinung begrifflich sehr wohl zwischen formeller und materieller Verfassungsmäßig- bzw. -widrigkeit unterscheiden, denn ein materiell grundgesetzwidriges Gesetz, das als solches nicht erkannt worden, im übrigen aber dem Verfahren nach Art. 76 ff. gemäß zustandegekommen ist, verstößt nicht gegen eine Formvorschrift, sondern ist schlechthin nichtig[92].

Liegt ihm ein Gesetz vor, das den Text des Grundgesetzes nicht ändert, so ist dieses — auch wenn es grundgesetzwidrig ist — niemals ein „verfassungsänderndes" Gesetz in dem Sinne, daß es der Formvorschrift des Art. 79 Abs. 2 GG unterliegen würde. Der Bundespräsident braucht sich mit ihr bei der formellen Prüfung also nicht zu befassen, was ihn auch der Prüfung der Vorfrage der inhaltlichen Verfassungsmäßig- bzw--widrigkeit enthebt.

Liegt ihm ein Gesetz vor, das den Grundgesetztext ändert und das — erstens ohnehin entsprechend gekennzeichnet — im übrigen aber wegen der Wortlautänderung ohne weiteres als solches in Erscheinung tritt,

---
[92] Vgl. oben S. 55, 56.

muß er darüber hinaus die Beachtung der Verfahrensvorschrift des Art. 79 Abs. 2 GG prüfen und außerdem — falls er auch zur materiellen Prüfung befugt sein sollte — die neue Verfassungsnorm auf ihre materielle Übereinstimmung mit dem Grundgesetz untersuchen. Auch eine Grundgesetznorm kann verfassungswidrig sein[93].

Danach steht fest, daß die Differenzierung zwischen formeller und materieller Verfassungsmäßig- bzw. -widrigkeit — zumindest für den Bereich des Grundgesetzes — begrifflich durchaus zu Recht besteht[94], weil Art. 79 Abs. 1 GG keine Verfahrensnorm für das Zustandekommen einfacher („verfassungswidriger") Gesetze darstellt, sondern in erster Linie einen materiellen Grundsatz aufstellt und Art. 79 Abs 2 GG nur darüber hinaus für ein gem. Art. 79 Abs. 1 GG zulässiges „Grundgesetzänderungsgesetz" ein bestimmtes Verfahren vorschreibt, das aber für den Entstehungsweg eines einfachen Gesetzes, das nicht Verfassungsnorm ist, keine Bedeutung hat[95].

Es taucht noch die Frage auf, ob das Argument von der begrifflichen Verknüpfung der formellen und materiellen Verfassungswidrigkeit nicht durch einen anderen Gesichtspunkt gestützt wird: Das Grundgesetz sieht für das ordnungsgemäße Zustandekommen einer Reihe von Gesetzen die Zustimmung des Bundesrates vor (Zustimmungsgesetze)[96].

Die Frage, ob ein Gesetz nach einer bestimmten Vorschrift des Grundgesetzes für sein ordnungsgemäßes Zustandekommen dieser Zustimmung bedarf oder nicht, bezieht sich auf die Einhaltung einer Formvorschrift, ist also eine solche der formellen Prüfung.

Es könnte daher in folgender Weise argumentiert werden:
1. Ob ein bestimmtes Gesetz der Zustimmung des Bundesrates bedarf, ist eine formelle Frage.
2. Diese Frage hat der Bundespräsident im Rahmen der ihm zustehenden formellen Prüfungsbefugnis zu entscheiden.
3. Um feststellen zu können, ob das Gesetz ein Zustimmungsgesetz ist oder nicht, muß er seinen materiellen Inhalt untersuchen.
4. Also setzt die formelle Prüfung nach der Frage des Erfordernisses der Zustimmung des Bundesrates eine inhaltliche Untersuchung voraus.

---
[93] Vgl. hierzu umfassend *Bachof*, Verfassungsnormen, a.a.O., passim.
[94] Im Ergebnis ähnlich *Janssen*, a.a.O., S. 119 ff.; ebenso jetzt auch *Friesenhahn*, a.a.O., S. 684.
[95] Auf einen weiteren Gesichtspunkt für die Unrichtigkeit der These von der begrifflichen Verknüpfung verweist *Lindlar*, a.a.O., S. 39: Heute kann auch ein Verfassungsänderungsgesetz zwar formell verfassungsmäßig sein, (wenn es insbesondere entsprechend der Formvorschrift des Art. 79 Abs. 2 GG erlassen worden ist), aber dennoch materiell verfassungswidrig sein, weil Art. 79 Abs. 3 GG für bestimmte Gebiete jede Änderung auch des Grundgesetzes verbietet.
[96] Vgl. den Katalog der Zustimmungsgesetze bei *Maunz-Dürig*, a.a.O., Rdnr. 15 zu Art. 50.

§ 8 Die Prüfungsbefugnis des Bundespräsidenten 59

Gegen diese Argumentation ist wohl kaum etwas einzuwenden. Nur besagt sie nichts über die Frage, ob die formelle und materielle Verfassungswidrigkeit und damit die formelle und materielle Prüfungsbefugnis des Bundespräsidenten begrifflich logisch untrennbar sind.

Die Streitfrage, um die es im Rahmen des Art. 82 GG geht, ist nicht die, ob der Bundespräsident bei der Ausfertigung von Gesetzen und der Prüfung ihres Zustandekommens gewisse materiell-rechtliche Erwägungen anstellen darf und muß, also das Gesetz seinem materiellen Wesen nach zu erkennen hat, sondern ausschließlich die, ob er befugt ist, das Gesetz auf seine materiell-rechtliche *Vereinbarkeit* mit dem Grundgesetz hin zu untersuchen.

Wenn der Bundespräsident aber bei der Frage, ob ihm ein Zustimmungsgesetz vorliegt, den Inhalt des Gesetzes unter diesem Gesichtspunkt betrachtet, so prüft er nicht seine materielle Übereinstimmung mit dem Grundgesetz, sondern entscheidet lediglich eine materiell-rechtliche Vorfrage im Rahmen der formellen Prüfung bezüglich der Zustimmungsbedürftigkeit. Das ist aber etwas anderes als die Prüfung der materiellen Übereinstimmung mit dem Grundgesetz, was ganz leicht daraus ersichtlich ist, daß — wenn entschieden ist, ob eine der Grundgesetzvorschriften für das vorliegende Gesetz die Zustimmung des Bundesrates vorschreibt oder nicht — noch lange nicht feststeht, ob sich das Gesetz im übrigen mit den Normen des Grundgesetzes vereinbaren läßt.

Bei der Frage nach der Prüfungsbefugnis des Bundespräsidenten geht es aber ausschließlich um letzteres. Über diese Frage stellt er bei der Prüfung der Zustimmungsbedürftigkeit eines Gesetzes keinerlei Erwägungen an, auch wenn er eine inhaltliche Untersuchung vornimmt.

Nach all dem gibt die logische Interpretation der Formulierung „nach den Vorschriften des Grundgesetzes zustandegekommen" keinen Anhaltspunkt für das Bestehen einer materiellen Prüfungsbefugnis des Bundespräsidenten.

Es fragt sich daher weiter, ob etwa systematisch-teleologische Erwägungen zu ihrer Bejahung führen können.

3. Die systematisch-teleologische Interpretation

*a) Der qualitative Unterschied zwischen
formeller und materieller Prüfungsbefugnis*

Fragt man nach dem Sinn des Art. 82 GG im Gesamtbestand des geltenden Verfassungsrechts und betrachtet man die Prüfung des Gesetzes bei der Ausfertigung im Zusammenhang mit anderen Vorschriften des Grundgesetzes, so taucht zunächst eine grundsätzliche Frage auf: Der sachliche Unterschied zwischen formeller Prüfungsbefugnis einerseits und auch materieller Prüfungsbefugnis andererseits könnte nämlich nicht nur quantitativer — wie bisher gezeigt —, sondern darüber hinaus auch qualitativer Natur sein. Das würde bedeuten, daß die Ausübung der materiellen Prüfungsbefugnis durch den Bundespräsidenten ihrem Wesen nach eine unter Umständen völlig anders geartete Tätigkeit als die Ausübung nur der formellen Prüfungsbefugnis darstellen würde.

Auf den ersten Blick ist ein solcher fundamentaler Unterschied allerdings kaum sichtbar, was der Grund dafür sein mag, daß man ihm — soweit ersichtlich — in der Literatur bisher kaum Beachtung geschenkt hat. Dennoch ist er vorhanden: Während die Befugnis des Bundespräsidenten, nur die Einhaltung der Vorschriften für das Gesetzgebungsverfahren nachzuprüfen, als reine Verfahrenskontrolle noch keine Befugnis zu Einflußnahme auf die gesetzgebende Gewalt darstellt, bedeutet Ausübung auch der materiellen Prüfungsbefugnis die Möglichkeit zur echten (inhaltlichen) Einflußnahme auf die Gesetzgebung.

Diesen fundamentalen sachlichen Unterschied zu sehen, ist unerläßlich für das richtige Verständnis des Art. 82 GG.

Man könnte sagen, daß der Bundespräsident in beiden Fällen einen gewissen Einfluß auf die gesetzgebende Gewalt ausübt, wenn er einmal die Ausfertigung eines von Bundestag und Bundesrat beschlossenen Gesetzes mit dem Hinweis verweigert, es sei eine Verfahrensvorschrift des Grundgesetzes nicht eingehalten, ein anderes Mal mit dem Hinweis, das Gesetz verstoße gegen eine andere — materielle — Norm.

Dieser Schluß ist unrichtig. Verweigert der Bundespräsident nämlich die Ausfertigung bei Einhaltung der Verfahrensvorschriften durch die gesetzgebenden Körperschaften wegen materieller Verfassungswidrigkeit, so setzt er sich damit in Gegensatz zur Vorstellung und dem *Willen des verfassungsmäßig funktionierenden* Gesetzgebers, weil dieser materielle Verfassungsmäßigkeit angenommen hat, denn sonst hätte er das Gesetz nicht beschlossen. Der verfasungsmäßig berufene (gemäß den Verfahrensvorschiften verfahrende) Gesetzgeber hätte gesagt: Ich habe das Gesetz für mit den Vorschriften des Grundgesetzes vereinbar gehalten. Deshalb habe ich es beschlossen[97] und will, daß es in Kraft gesetzt wird.

Wenn das Staatsoberhaupt die Ausfertigung in diesem Falle verweigert und dadurch Verkündung und Inkrafttreten des Gesetzes auch nur hinausgeschoben werden, bedeutet das einen Eingriff in den Willen des verfassungsmäßig berufenen Gesetzgebers, denn zu diesem in dem beschlossenen Gesetz geäußerten Willen gehört auch, daß — da eine Frist

---

[97] Vgl. hierzu die interessanten Feststellungen G. *Jellineks*, Gesetz, S. 402, wo er ähnliche Gedanken äußert und darauf hinweist, daß in jedem Beschluß eines Gesetzgebers auch insoweit ein wertendes Urteil über die (bei Jellinek allerdings nur formelle) Verfassungsmäßigkeit liege.

§ 8 Die Prüfungsbefugnis des Bundespräsidenten

für eine Verkündung fehlt — es so bald wie möglich verkündet wird[98]. Das wird es aber nicht, wenn das ausfertigende Organ auf seiner Meinung beharrt und deshalb unter Umständen das Bundesverfassungsgericht eingeschaltet wird. Es wird damit für die Zwischenzeit ein gesetzlicher Zustand geschaffen, den der Gesetzgeber, weil er die unverzügliche Verkündung des Gesetzes wünscht, nicht haben wollte, nämlich der alte bereits bestehende. Kommt es aus irgendwelchen Gründen nicht zur Anrufung des Bundesverfassungsgerichts und bleibt der Bundespräsident bei seiner Meinung, so ist die Einflußnahme noch eklatanter: Sie verhindert das Wirksamwerden des Gesetzgebungswillens. Als nicht der legislativen Gewalt zugehöriges Organ beeinflußt der Bundespräsident diese[99].

Dagegen läßt sich auch nicht einwenden, daß ja in diesem letzteren Falle der Wille des Gesetzgebers doch wieder entscheidend gewesen sei, weil das Bundesverfassungsgericht vom Bundestag nicht angerufen worden sei. Denn ein solcher — den Gesetzesbeschluß praktisch widerrufender Wille des Gesetzgebers — würde gegen den Grundsatz von der Unwiderrufbarkeit des (Gesetzgebungs)-Votums verstoßen.

Ganz anders ist es im Falle der Ausübung der formellen Prüfungsbefugnis: Verweigert der Bundespräsident die Ausfertigung, weil die Vorschriften für das Gesetzgebungsverfahren nicht eingehalten sind, so bedeutet diese Weigerung keine derartige Einflußnahme auf den Gesetzgebungswillen und damit auf die Legislative, weil ein legitimer Gesetzgebungswille in diesem Falle überhaupt nicht vorhanden ist. Träger des Gesetzgebungswillens sind zwar Bundestag und Bundesrat als zur Willensbildung geschaffene Organe, jedoch können sie wirksame gesetzgeberische Willenserklärungen nur abgeben, wenn sie das hierfür vom Grundgesetz vorgesehene Verfahren beachten, also in der verfassungsmäßig vorgeschriebenen Art und Weise „funktionieren".

Das bedeutet, daß der Bundespräsident, wenn er die Ausfertigung aus einem formellen Grunde verweigert, nicht auf echten (legitimen) Gesetzgebungswillen Einfluß nimmt und damit nicht die gesetzgebende Gewalt beeinflußt oder auch nur berührt, sondern daß er einfach feststellt, daß das ihm zur Ausfertigung vorliegende Gesetz keinen „echten Gesetzgebungswillen" äußert, weil es nicht von einem verfassungsmäßig funktionierenden Gesetzgeber als alleinigem zur Willensbildung fähigem Apparat geschaffen worden ist und daß es deshalb — und nur deshalb — nicht ausgefertigt werden darf.

Der Unterschied ist also ebenso deutlich wie bedeutsam: Ausübung der formellen Prüfungsbefugnis bedeutet die Kontrolle, ob echter Gesetzge-

---
[98] *Herrfahrdt* in BK, Erl. II 1 zu Art. 82; *Maunz-Dürig*, a.a.O., Rdnr. 6 zu Art. 82.
[99] Das deutet auch *Friesenhahn* an, a.a.O., S. 683.

bungswille in dem zur Ausfertigung vorliegenden Gesetz zum Ausdruck kommt oder nicht. Sie wendet sich gegen nur scheinbaren (d. h. nicht vom richtigen Gesetzgebungsapparat geäußerten) Gesetzgebungswillen. Ausübung der materiellen Prüfungsbefugnis bedeutet dagegen darüber hinaus Kontrolle des legitimen (d. h. vom „richtigen" Gesetzgeber geäußerten) Gesetzgebungswillens auf seine „Erlaubtheit", d. h., auf seine materielle Übereinstimmung mit dem Grundgesetz. Das ist Einflußnahme auf den feststehenden, selbst für den Gesetzgeber unwiderruflich durch den Gesetzesbeschluß geäußerten Gesetzgebungswillen.

Gegen diese Unterscheidung könnte man nun anführen, auch im Falle einer Verfahrensverletzung äußere der Gesetzgeber die gegenteilige Ansicht, wenn er das Gesetz beschließe und damit sage: Ich, der Gesetzgeber, halte die Verfahrensvorschriften für eingehalten.

Das ist völlig richtig, ändert jedoch nichts an der Gültigkeit der Unterscheidung. Die Zielrichtung der verschiedenartigen Kontrollen ist und bleibt eine verschiedenartige: Im Falle der formellen Prüfung wird lediglich die Frage gestellt, ob tatsächlich (objektiv) echter Gesetzgebungswille vorhanden ist, ob der verfassungsmäßig berufene Träger der Gesetzgebung (der verfassungsmäßig verfahrende Gesetzgeber) diesen Willen geäußert hat. Im Falle der weitergehenden materiellen Prüfung wird auch noch geprüft, wenn bereits feststeht, daß echter Gesetzgebungswille vorhanden ist.

Weiterhin könnte man entgegenhalten, daß ein Gesetz, das unter Einhaltung von Verfahrensvorschriften zustandegekommen sei, ja dennoch unwirksam sei, wenn es im übrigen Bestimmungen des Grundgesetzes widerspreche, daß also auch in diesem Falle kein „echter Gesetzgebungswille" vorliege.

Das ist falsch, denn in diesem Falle liegt trotz materieller Verfassungswidrigkeit des Gesetzes dennoch echter Gesetzgebungswille vor, weil er von willensfähigen (d. h. entsprechend den Verfahrensvorschriften funktionierenden) Organen geäußert worden ist, was noch nicht heißt, daß dieser Wille auch wirksam ist und darum verbindliche Gesetzeskraft erlangen kann. Das hängt nicht allein davon ab, daß willensfähige Organe ihn geäußert haben, sondern daß das Gesetz, das gewollt ist, auch vom Grundgesetz „erlaubt", d. h. materiell verfassungsmäßig ist.

Festzuhalten für die weiteren Erörterungen ist also, daß es zwischen formeller und materieller Prüfung einen bedeutenden qualitativen Unterschied gibt: Formelle Prüfung bedeutet die Kontrolle, ob das zur Ausfertigung vorliegende Gesetz echten Gesetzgebungswillen äußert. Materielle Prüfung bedeutet darüber hinaus die Kontrolle, ob nach den materiellen Vorschriften des Grundgesetzes dieser Wille auch beachtlich ist, d. h. Gesetzeskraft erlangen darf.

Dieser qualitative Unterschied ist anscheinend bisher bei der Interpretation des Art. 82 GG noch nie berücksichtigt worden. Aus ihm läßt sich aber ein erstes wichtiges Argument gegen die materielle Prüfungsbefugnis des Bundespräsidenten ableiten.

Es wurde oben bei der Erörterung des Begriffes der Ausfertigung im faktischen Sinne festgestellt, daß dieser Begriff seiner Rechtsnatur nach die *Wahrnehmbarmachung (Erklärung) des Willens des Gesetzgebers* ist. Das heißt, daß es Aufgabe des Bundespräsidenten bei der Ausfertigung ist, das zu *erklären (wahrnehmbar zu machen),* was Wille des Gesetzgebers ist. Um diese Aufgabe erfüllen zu können, muß er aber feststellen, ob überhaupt echter Gesetzgebungswille in dem zur Ausfertigung vorliegenden Gesetzesbeschluß zum Ausdruck kommt. Das heißt, er muß untersuchen, ob der verfassungsmäßige (nach den Verfahrensvorschriften vorgegangene) Gesetzgeber diesen Willen geäußert hat. Er muß also die *formelle* Prüfung anstellen. Und genau das verlangt Art. 82 GG expressis verbis, wenn gesagt wird, nur die „nach den Vorschriften des Grundgesetzes zustandegekommenen" Gesetze seien auszufertigen. So gesehen, wird die Formulierung völlig verständlich und hat auch ihren guten Grund. Die materielle Prüfungsbefugnis steht dagegen mit der Wahrnehmbarmachung des Gesetzgebungswillens in keinem Zusammenhang, so daß — vom faktischen Begriff der Ausfertigung her — nicht der geringste Anlaß besteht, sie in Art. 82 GG „hineinzuinterpretieren".

b) *Die staatsrechtliche Stellung des Bundespräsidenten*

Ausgehend von der unter a) getroffenen Feststellung über den qualitativen Unterschied beider Prüfungsarten kann nun die Frage gestellt werden, ob die staatsrechtliche Stellung des Bundespräsidenten eine die materielle Prüfungsbefugnis bejahende Interpretation des Art. 82 GG zuläßt. Ganz konkret wird man fragen müssen, ob die Ausgestaltung seines Amtes Anhaltspunkte dafür gibt, daß er nach dem Willen des Grundgesetzes nicht nur zur Überprüfung des *Vorhandenseins* echten Gesetzgebungswillens, sondern auch zur Nachprüfung dieses Willens auf seine *Erlaubtheit* nach dem Grundgesetz befugt sein soll, was — wie oben gezeigt — eine Befugnis zur Einflußnahme auf den staatlichen Gesetzgebungswillen und damit auf die legislative Gewalt bedeuten würde[100].

Verschiedene Autoren glauben, schon aus Art. 56 GG ergebe sich die Notwendigkeit, die materielle Prüfungsbefugnis zu bejahen[101]. Da sich

---
[100] Zur Stellung des Bundespräsidenten vgl. vor allem jetzt *Kimminich,* a.a.O., passim und die umfassende Übersicht über die Literatur dort S. 85, Fn. 240.
[101] Etwa *Nawiasky,* a.a.O., S. 113; *Albert,* a.a.O., S. 25; *Küppers,* a.a.O., S. 93, 94.

der Bundespräsident in seinem Amtseid verpflichte, „das Grundgesetz und die Gesetze des Bundes zu wahren und zu verteidigen", sei zu folgern, daß er auch keine grundgesetzwidrigen Gesetze ausfertigen dürfe, weil das gegen die sich aus dem Eid ergebende Verpflichtung verstoße.

Diesem Argument liegen Gedanken zugrunde, wie sie Strauß[102] äußert, wenn er meint, in der Eidesformel würden „Pflichten des Bundespräsidenten umschrieben, die wohl in gewisser Hinsicht über die Einzelregelung seiner Aufgaben im Grundgesetz hinausgehen", woraus er folgert, das Grundgesetz übertrage ihm die Aufgabe, sich *allgemein* für die Wahrung der Verfassungsbestimmungen einzusetzen. Man kann sich bei dieser These des Eindrucks nicht erwehren, daß hier ein Restbestand monarchischen Denkens deutlich wird, das sich schwerlich mit dem dem Grundgesetz zugrundeliegenden Prinzip der Gewaltenteilung vereinbaren lassen dürfte. Demgegenüber hat mit Recht Wertenbruch[103] zunächst einmal darauf hingewiesen, daß man von der Eidesformel her schon deswegen keine Aussagen machen könne, weil es in der ganzen Welt üblich sei, daß ein Staatsoberhaupt das feierlich beschwört, was auch Pflicht jedes gutgesinnten Staatsbürgers sei. Darüber hinaus bringt Wertenbruch[104] das entscheidende Argument gegen die obige Ansicht: Die Wahrung und Verteidigung des Grundgesetzes ist dem Bundespräsidenten nur insoweit möglich, als ihm hierzu vom Grundgesetz entsprechende Befugnisse eingeräumt sind. Das heißt, daß eine sich aus dem Amtseid ergebende „Verpflichtung" auch nur soweit bestehen kann, als sie seine an anderer Stelle normierten Zuständigkeiten betrifft[105], nicht aber daß neue Zuständigkeiten begründet werden sollen[106].

Es bleibt also die Frage, ob man aus der allgemeinen Stellung des gegenwärtigen Staatsoberhaupts Schlüsse für oder gegen die materielle Prüfungsbefugnis ziehen kann, ob man den Bundespräsidenten insoweit unter Umständen als „Hüter der Verfassung" oder „pouvoir neutre" ansehen kann oder nicht.

---

[102] a.a.O., S. 274.
[103] a.a.O., S. 203.
[104] a.a.O., S. 202.
[105] So auch *Maunz-Dürig*, a.a.O., Rdnr. 3 zu Art. 56; *von Mangoldt-Klein*, Anm. V 2 und VII 2 zu Art. 56 unter Bezugnahme auf Wertenbruch; *Peters*, a.a.O.; *Friesenhahn*, a.a.O., S. 686; *Kern*, a.a.O., S. 275 für den Beamteneid; a. A. die in Fußn. 101 Genannten; und nur in diesem Rahmen besteht i. ü. auch die Bindung des Bundespräsidenten an Art. 20 Abs. 3 GG.
[106] *Maunz*, a.a.O., S. 327; in *Maunz-Dürig*, Rdnr. 3 zu Art. 56 weist Maunz in diesem Zusammenhang auch darauf hin, daß heute der Wortlaut des Eides, der nahezu völlig mit dem des Reichspräsidenten (Art. 42 WV) übereinstimmt, nur so verstanden werden könne, da sonst ernsthaft die Frage gestellt werden müßte, ob der Eid in Anbetracht der völlig veränderten Stellung des gegenwärtigen Staatsoberhauptes heute überhaupt noch paßt und ob der Bundespräsident unter Umständen nicht etwas beschwört, wozu er nach dem Grundgesetz nicht mehr berufen ist.

Bei der Erörterung dieser Frage können einige spezielle Befugnisse des Bundespräsidenten wie Ausübung des Begnadigungsrechts (Art. 60 Abs. 2 GG), völkerrechtliche Vertretung des Bundes (Art. 59 Abs. 1 GG)[107], Genehmigung der Geschäftsordnung der Bundesregierung (Art. 65 Satz 4)[108] sowie die Verkündung des Verteidigungsfalles (Art. 59 a)[109] außer acht bleiben. Bei ihnen handelt es sich im wesentlichen um herkömmliche Funktionen des Staatsoberhauptes[110], die in erster Linie traditionell repräsentative Aufgaben bedeuten und ihm kaum gestaltende Machtfunktionen verleihen[111].

Im Verhältnis des Bundespräsidenten zum Parlament steht ihm gem. Art. 39 Abs. 3 Satz 3 GG die Befugnis zur Einberufung des Bundestages zu.

Seinem diesbezüglichen Verlangen muß der Bundestagspräsident nachkommen. Damit endet aber die Einwirkungsmöglichkeit. Der Bundespräsident hat nicht die Möglichkeit, an den Verhandlungen des Bundestages teilzunehmen, auf ihren Verlauf einzuwirken oder etwa zu verlangen, daß sich das Plenum mit einem bestimmten Gegenstand befaßt. Schon Nawiasky weist darauf hin[112], daß Art. 39 Abs. 3 Satz 3 GG kaum eine besondere Bedeutung haben dürfte und wahrscheinlich „ohne große Überlegung" aus Art. 24 WV übernommen worden ist.

Dem ist beizutreten. Mag die Befugnis zur Einberufung des Bundestages — worauf Maunz-Dürig hinweisen[113] — auch insofern einen gewissen politischen Wert haben, als der Bundespräsident in Krisenzeiten, in denen sich die Fraktionen unter Umständen weigern, überhaupt zusammenzutreten, wenigstens eine Debatte erzwingen kann, eine bedeutsame Befugnis, die ihm die Möglichkeit gibt, gestaltend in die Politik einzugreifen, liegt sicherlich nicht in Art. 39 Abs. 3 Satz 3 GG.

Bedeutsamer ist, daß der Bundespräsident gem. Art. 68 Abs. 1 GG nach Ablehnung eines Vertrauensantrages des Bundeskanzlers den Bundestag auflösen kann. Hier liegt einer der wenigen Fälle, in denen er in beschränktem Maße politischen Einfluß geltend zu machen und unmittelbar auf den Bestand der Bundesregierung einzuwirken vermag[114]. Wie

---
[107] Es gibt keine eigene Außenpolitik des Bundespräsidenten, vgl. *Maunz-Dürig*, a.a.O., Rdnr. 5 zu Art. 59 und die überwiegende Meinung; a. A. *von Mangoldt-Klein*, a.a.O., Anm. III 3 f zu Art. 59, die ihm die Befugnis zur Einflußnahme auf die Außenpolitik zugestehen.
[108] *von Mangoldt-Klein*, a.a.O., Anm. VI zu Art. 65; *Reifenberg*, a.a.O., S. 52.
[109] *Maunz-Dürig*, a.a.O., Rdnr. 14 zu Art. 59 a.
[110] Vgl. hierzu *Hamann*, a.a.O., A zu Art. 59 für die völkerrechtliche Vertretung.
[111] Zur völkerrechtlichen Vertretung des Staates durch das Staatsoberhaupt vgl. *Kimminich*, a.a.O., S. 62 ff.
[112] a.a.O., S. 112; ähnlich *Maunz*, a.a.O., S. 326.
[113] a.a.O., Rdnr. 24 zu Art. 39, Fn. 4, S. 10.
[114] *Maunz-Dürig*, a.a.O., Rdnr. 4 zu Art. 68, Fn. 3; *Meder* in BK Erl. II 3 zu Art. 68, der von dem „verfassungsmäßig *einzigen* Spielraum freien Ermessens des Bundespräsidenten" spricht.

sehr dieser Einfluß aber auch hier beschränkt ist, zeigt (abgesehen von der Gegenzeichnungsbedürftigkeit der Anordnung[115]) vor allem die Tatsache, daß der Fall des Art. 68 Abs. 1 GG immerhin vom Bundeskanzler durch seinen Vertrauensantrag selbst ausgelöst werden muß, letztlich also dieser entscheidet, ob eine Auflösung des Bundestages in Betracht zu ziehen ist oder nicht, darüber hinaus aber auch, daß der Bundestag jederzeit aus seiner Mitte einen anderen Kanzler wählen (Art. 68 Abs. 1 Satz 2) und damit das Recht des Bundespräsidenten zum Erlöschen bringen kann. Daß also in der Ermächtigung des Art. 68 Abs. 1 GG eine Befugnis des Bundespräsidenten liegt, für längere Zeit gestaltend in die politischen Verhältnisse einzugreifen, kann man kaum sagen, zumal gerade in dem Normalfall, in dem eine Parlamentsauflösung den einzigen Ausweg bietet, nämlich wenn überhaupt keine Regierungsbildung gelungen ist oder wenn das Parlament durch verhärtete Gegensätze zwischen den Fraktionen funktionsunfähig geworden ist, der Bundespräsident den Bundestag gerade nicht auflösen kann[116].

Gewichtiger ist die Befugnis zur Auflösung des Bundestages gem. Art. 63 Abs. 4 Satz 3 GG im Falle, daß ein Bundeskanzler im dritten Wahlgang nur mit relativer Mehrheit gewählt wird und die Gefahr einer Minderheitsregierung auftaucht. Daß die Entscheidung zwischen Ernennung des Bundeskanzlers und damit zur Installierung einer Minderheitsregierung einerseits und zur Auflösung des Parlaments und damit zum Appell an das Volk andererseits nicht leicht ist und schwerwiegende politische Konsequenzen nach sich ziehen kann, ist nicht zu bestreiten[117].

Wird im Falle des Art. 68 GG der Bundestag nicht aufgelöst, so kann der Bundespräsident gem. Art. 81 GG auf Antrag der Bundesregierung und mit Zustimmung des Bundesrates für eine bestimmte vom Bundestag abgelehnte und von der Regierung als dringlich bezeichnete Gesetzesvorlage den Gesetzgebungsnotstand erklären.

Wenn es auch in diesem Falle von ihm abhängt, ob er einer Regierung, die bei einem Antrag nach Art. 68 GG nicht die absolute Mehrheit erhielt, die Möglichkeit zum weiteren Regieren gibt, so ist er doch zur Auslösung dieses Falles einmal an den Antrag der Regierung selbst und andererseits an die Zustimmung des Bundesrates gebunden. Wenn die Bedeutung der Entscheidung des Bundespräsidenten auch nicht verkannt werden soll, so bedeutet Art. 81 GG doch viel mehr eine Erweiterung der Rechtsetzungskompetenz des Bundesrates als eine Ermächtigung des Bundespräsidenten, in die Gesetzgebung einzugreifen. Gerade im Vergleich zu Art. 48 WV wird die Bedeutung des Art. 81 GG klar: Die Befugnis, den Gesetzgebungsnotstand zu erklären oder den entsprechenden

---

[115] *Nawiasky*, a.a.O., S. 102; *Meder* in BK, Erl. II 5 zu Art. 68.
[116] *Nawiasky*, a.a.O., S. 112.
[117] Vgl. *von Mangoldt*, a.a.O., S. 64.

§ 8 Die Prüfungsbefugnis des Bundespräsidenten

Antrag der Bundesregierung abzulehnen, macht den Bundespräsidenten — im Gegensatz zum Reichspräsidenten — nicht zum Träger gesetzgebender Gewalt.

Was das Verhältnis des Bundespräsidenten zur Bundesregierung anbetrifft — soweit es nicht bereits in seinem Verhältnis zum Bundestag zum Ausdruck gekommen ist —, so ist er gem. Art. 63 Abs. 1 GG befugt, dem Bundestag den von ihm zu wählenden Bundeskanzler vorzuschlagen.

Daß es sich hierbei um nicht mehr als ein „Formalrecht" handelt, zeigt die Tatsache, daß der vom Bundespräsidenten vorgeschlagene Kandidat die absolute Mehrheit der Stimmen der Mitgliederzahl des Bundestages auf sich vereinigen muß. Schlägt der Bundespräsident dem Parlament einen Mann nur seines eigenen Vertrauens und nicht auch desjenigen der Mehrheit der Bundestagsmitglieder vor, hat dieser keine Chance gewählt zu werden. Ebensowenig könnte das Vorschlagsrecht etwa dadurch negativ bedeutsam werden, daß der Bundespräsident es einfach unterläßt, einen Vorschlag zu machen. Einmal würde er damit eine Verfassungsverletzung begehen[118], zum anderen könnte er dadurch eine Wahl nicht verhindern. Der Bundestag könnte ihm eine Frist setzen und nach deren Ablauf die Wahl ohne Vorschlag vornehmen[119]. Zur Ernennung eines mit absoluter Mehrheit gewählten Bundeskanzlers wäre der Bundespräsident dann verpflichtet[120].

Das Verhältnis des Bundespräsidenten zur Bundesregierung betrifft auch seine Befugnis, gem. Art. 64 Abs. 1 GG die Minister zu ernennen und zu entlassen. In engem Zusammenhang damit steht wiederum die Befugnis zur Ernennung der Bundesrichter, Bundesbeamten, Offiziere und Unteroffiziere (Art. 60 Abs. 1). Wie weit in diesen Fällen seine Kompetenzen gehen, muß an dieser Stelle dahingestellt bleiben, da die Frage — ebenso wie die aus Art. 82 GG — nicht ohne weiteres aus dem Wortlaut der entsprechenden Vorschriften, sondern ebenfalls nur im Wege der systematischen Auslegung beantwortet werden kann. Auf sie wird noch zurückzukommen sein.

Die bisher über die Befugnisse des Bundespräsidenten getroffenen Feststellungen lassen es jedenfalls nicht zu, ihm von seiner Gesamtstellung her eine Position einzuräumen, die ihn zur Einflußnahme auf den Gesetzgebungswillen befugt erscheinen läßt.

Denn wenn auch in einigen der bisher betrachteten Vorschriften des Grundgesetzes ihm eine beschränkte politische Mitwirkungsbefugnis ein-

---

[118] *Maunz-Dürig*, a.a.O., Rdnr. 2 zu Art. 63; *von Mangoldt-Klein*, a.a.O., Anm. III 1 b zu Art. 63 mit zahlreichen Hinweisen; a. A. *Meder* in BK, Erl. II 1 zu Art. 63, der aber letztlich zum selben Ergebnis kommt; *Schneider*, a.a.O., S. 1331.
[119] Vgl. Zitat 118.
[120] *Maunz-Dürig*, a.a.O., Rdnr. 7 zu Art. 63; *von Mangoldt-Klein*, a.a.O., Anm. V 4 a.

geräumt ist, so ist keine einzige Norm sichtbar, die auch nur entfernt eine Beteiligung des Bundespräsidenten am Prozeß der staatlichen (Gesetzgebungs-) Willensbildung erkennen läßt.

Trotzdem bezeichnet man ihn auch heute — wie früher den Reichspräsidenten — noch verschiedentlich als den „Hüter der Verfassung" und noch häufiger als den „pouvoir neutre" im gegenwärtigen deutschen Verfassungsrecht[121]. Von den diesen Begriffen zugrundeliegenden Gedanken her versucht man zum Teil auch das Bestehen einer materiellen Prüfungsbefugnis zu begründen.

Daß man auch hierbei von falschen Voraussetzungen ausgeht und daß man den Bundespräsidenten heute weder als das eine noch als das andere bezeichnen kann, soll im folgenden zu zeigen versucht werden.

c) „Hüter der Verfassung" und „pouvoir neutre"

Zur Charakterisierung des Bundespräsidenten als des „Hüters der Verfassung" häufen sich allerdings heute die Gegenstimmen[122]. Kaum wird dagegen angezweifelt, daß man das gegenwärtige Staatsoberhaupt auch heute noch als „pouvoir neutre" bezeichnen kann[123].

Es würde den Rahmen dieser Arbeit sprengen, mit letzter Klarheit die Stellung des Bundespräsidenten im heutigen Verfassungssystem, insbesondere die gewaltigen funktionellen Unterschiede zur Stellung des Reichspräsidenten in vollem Umfange aufhellen zu wollen. Eine — mit allen Vorbehalten in diesem Sinne — kurze Auseinandersetzung mit den überkommenen Begriffen erscheint mir aber unumgänglich.

Was man zur Weimarer Zeit unter dem Begriff „Hüter der Verfassung" verstand, ist dem berühmten Beispiel aus der Literatur jener Zeit,

---

[121] Vgl. z. B. *von Mangoldt*, a.a.O., S. 67 (Hüter der Verfassung); *von Mangoldt-Klein*, a.a.O., Vorbem. II 2 und III 3 i vor Art. 54 (Hüter der Verfassung und pouvoir neutre); *Küppers*, a.a.O., S. 95; *Hamann*, a.a.O., Vorbem. 3 vor Art. 54 (Hüter der Verfassung); *Wertenbruch*, a.a.O., S. 201 ff. (pouvoir neutre), der in diesem Begriff jedoch keine Anhaltspunkte für eine materielle Prüfungsbefugnis sieht und letztere auch verneint; *Schack*, Prüfungszuständigkeit, S. 93, bezeichnet den Bundespräsidenten noch 1964 als „Mithüter der Verfassung"; ähnlich *Hall*, a.a.O., S. 306.
[122] z. B. *Wertenbruch*, a.a.O., S. 202 ff.; *Kimminich*, a.a.O., S. 81 ff. und die dort, S. 81, Fn. 226 genannten.
[123] Vgl. z. B. für viele *von Mangoldt-Klein*, a.a.O., Vorbem. III 1 i vor Art. 54: „... Dem Bundespräsidenten verbleibt die sehr wichtige verfassungsrechtliche Funktion eines „pouvoir neutre" (einer neutralen Gewalt) ... Die Stellung als „pouvoir neutre" und „modérateur invisible", als *neutral-integrierende, objektive* „Gewalt", als symbolhaft zusammenfassende Verkörperung (Integration) des Staatsganzen, als eine Gewalt „en quelque facon nul" i. S. der berühmten Charakterisierung der richterlichen Gewalt durch Montesquieu ist wohl unbestritten"; a. A. *Grauhan*, a.a.O., S. 86 ff. mit sehr eingehender Begründung; *Kimminich*, a.a.O., S. 81 ff.

§ 8 Die Prüfungsbefugnis des Bundespräsidenten

nämlich der Schrift Carl Schmitts (a.a.O.) über diesen Begriff, klar zu entnehmen.

An ihr soll kurz aufgezeigt werden, was diese Lehre unter Hüter der Verfassung und pouvoir neutre verstand und mit welcher Begründung man dem Reichspräsidenten diese Charakterisierung gab.

Man wird dabei feststellen, daß — was diejenigen Autoren, die den Bundespräsidenten heute noch mit diesen „Titeln" belegen, nicht beachten — es interessanterweise gerade diejenigen Befugnisse des Reichspräsidenten gewesen sind, aus denen man seine Eigenschaft als Hüter der Verfassung und pouvoir neutre herleitete, die der Bundespräsident heute nicht mehr besitzt.

Klarmachen muß man sich dabei außerdem, daß in einer Zeit, in der das richterliche Prüfungsrecht einer der Hauptstreitpunkte der Staatsrechtslehre war, eine Verfassungsgerichtsbarkeit, obwohl heiß diskutiert, im heutigen Sinne nicht existierte und der Versuch der Errichtung einer solchen Instanz scheiterte[124] — man geradezu auf der Suche nach einer Instanz war[125], die befugt sein sollte, die anderen Gewalten auf ihr verfassungsmäßiges Verhalten zu kontrollieren.

Was lag näher, als diese Instanz im Reichspräsidenten zu sehen? Carl Schmitt schreibt dazu[126]:

„... Meinungsverschiedenheiten und Differenzen zwischen den obersten Trägern der politischen Entscheidungsbefugnisse ... werden entweder durch eine über den differenzierenden Meinungen stehende stärkere politische Macht von oben, also durch einen *höheren* und dritten beseitigt — das wäre dann aber nicht der Hüter, sondern der Herr der Verfassung; oder sie werden vermittels einer nicht über-, sondern nebengeordneten Stelle beigelegt oder ausgetragen, also durch einen neutralen Dritten — das ist der Sinn einer neutralen Gewalt, eines pouvoir neutre et intermédiaire, der nicht über, sondern neben den anderen verfassungsmäßigen Gewalten steht, aber mit eigenartigen Befugnissen und Einwirkungsmöglichkeiten ausgestattet ist."

Carl Schmitts Lehre vom pouvoir neutre geht auf Benjamin Constant zurück[127]. Constant ging grundsätzlich davon aus, daß auch vom Volke gewollte Macht — sofern sie nicht einer wirksamen Kontrolle unterliegt — sich über den Willen des Volkes erheben kann, daß der Machthaber die ihm anvertraute Macht genauso zu mißbrauchen geneigt ist, wie der,

---

[124] Vgl. dazu oben Fn. 34.
[125] Vgl. hierzu die interessanten historischen Hinweise bei *Schmitt*, a.a.O., S. 161.
[126] a.a.O., S. 212.
[127] Zur Lehre Constants jetzt eingehend *Kimminich*, a.a.O., S. 17 ff. und 39 ff. mit zahlreichen weiteren Nachweisen; K. verweist vor allem auf die vielen Mißverständnisse in der deutschen Staatslehre zur Lehre Constants.

II. Teil: Der Begriff der Ausfertigung im materiellen Sinne

der sich von vornherein nicht auf den Willen des Volkes berufen kann[128]. Für unmöglich hielt Constant jedoch die Kontrolle des „pouvoir suprème", weil nach seiner Ansicht Verantwortlichkeit bei demjenigen ein inhaltloser Begriff ist, der die wirkliche politische Macht besitzt[129]. Nur diejenige Macht kann nach Constant wirklich kontrolliert werden, die nicht gleichzeitig die höchste im Staate ist[130]. Darum solle die politische, aktive Macht vom pouvoir suprème getrennt werden und nur bei Staatsinstitutionen liegen, die nicht die obersten im Staate sind. Der Begriff pouvoir neutre erklärt sich bei Constant also aus der *Neutralisation* des „pouvor suprème" von den „pouvoirs actifs"[131].

Pouvoir neutre ist für Constant der pouvoir royal — also der König. Ihm stehen die „pouvoirs actifs" — nämlich der „pouvoir ministériel", der „pouvoir représentatif de la durée (assemblée héréditaire)", „pouvoir représentatif de l'opinion (assemblée élective)" gegenüber. Hinzu kommt der „pouvoir judiciaire"[132].

Die Aufgabe des pouvoir neutre — des Königs — liegt nun nach Constant darin, ohne selbst zu regieren, die Regierung an der Entfaltung unbeschränkter Macht zu hindern. Der König tritt der Regierung als „Institut der Machtbeschränkung" gegenüber[133], er funktioniert als „pouvoir modérateur" und „préservateur".

Dadurch, daß der pouvoir neutre die Minister ernennt und erläßt, ist es ihm einmal verwehrt, selbst zu regieren und damit „pouvoir actif" zu werden[134], zum anderen ist er in der Lage, die Minister (als Inhaber der politischen Macht) zu kontrollieren und (unter Umständen durch Absetzung) an zu großer Machtentfaltung zu hindern[135].

Um diese Funktion wirksam ausüben zu können, muß der pouvoir neutre Constant's *unverantwortlich* und *unverletzlich* sein, wobei Constant die Unverantwortlichkeit aber nicht mit dem „Wesen" des pouvoir neutre oder des Königtums begründet, sondern ausschließlich damit, daß sie die politische Verantwortung der Regierung vor dem Volk gewährleistet[136].

Darüber hinaus ist es Aufgabe des pouvoir neutre, das notwendige *Gleichgewicht* zwischen den „pouvoirs actifs" zu erhalten (pouvoir répa-

---

[128] *Constant,* a.a.O., T. 1, p. 13; vgl. hierzu auch die umfassenden Ausführungen bei *Grauhan,* a.a.O., S. 2 ff.
[129] *Constant,* a.a.O., T. 1, p. 12.
[130] *Grauhan,* a.a.O., S. 2.
[131] *Constant,* a.a.O., T. 1, p. 19 ff.; *Grauhan,* a.a.O., S. 3.
[132] *Constant,* a.a.O., T. 1, p. 19.
[133] *Grauhan,* a.a.O., S. 4.
[134] *Constant,* a.a.O., T. 1, p. 179.
[135] *Constant,* a.a.O., T. 1, p. 25.
[136] *Grauhan,* a.a.O., S. 5.

§ 8 Die Prüfungsbefugnis des Bundespräsidenten

ratrice). Diese Aufgabe kann nach Constant nicht ein pouvoir actif wahrnehmen, weil dieser sich die anderen Gewalten unterwerfen würde[137].

Zur Erfüllung dieser beiden Aufgaben — Kontrolle der Regierung und Aufrechterhaltung des Gleichgewichtssystems zwischen den Gewalten — bedarf der pouvoir neutre gewisser Voraussetzungen und Machtmittel. Bei Constant sind diese

1. die Unverletzlichkeit und Unverantwortlichkeit des Königs,
2. die Ministerernennung und Entlassung,
3. die Sanktion der von den Kammern beschlossenen Gesetze mit dem *absoluten* königlichen Veto[138],
4. die Befugnis, die Kammern einzuberufen und aufzulösen,
5. die Ernennung der Richter,
6. das Gnadenrecht,
7. die Entscheidungsgewalt über Krieg und Frieden.

Es soll hier nicht die Frage erörtert werden, ob hier nicht eine Schwäche in der Lehre Constants deutlich wird, denn ein mit derartigen Machtmitteln ausgestatteter König könnte durchaus als pouvoir actif erscheinen[139].

Feststeht, daß Constant diese Voraussetzungen und Machtmittel zur Erfüllung der Aufgabe des pouvoir neutre für erforderlich hielt. Aus seiner Lehre sind insbesondere zwei Aspekte festzuhalten:

1. Pouvoir neutre im Sinne Constants ist eine aus der aktiven Politik ausgeschaltete, mit höchster Autorität ausgestattete „Gewalt" zur *Kontrolle* der anderen Gewalten und zur Aufrechterhaltung des Gleichgewichtssystems zwischen ihnen.
2. Zur Ausübung dieser Kontrolle müssen dem pouvoir neutre ganz bestimmte, weitgehende Befugnisse zur Verfügung stehen. Ein pouvoir neutre ohne solche Befugnisse ist in der Lehre Constants nicht denkbar.

Bei Carl Schmitt erhält diese Lehre[140] nun einen weiteren, ganz besonderen Aspekt:

Er sieht eine Gefahr für die politische Einheit des Staates in der parteipolitischen Zersplitterung des Parlaments und in den in Demokratien zum Ausdruck kommenden sozialen und wirtschaftlichen Gegensätzen[141].

---

[137] *Constant*, a.a.O., T. 1, p. 19.
[138] *Grauhan*, a.a.O., S. 6.
[139] Vgl. hierzu *Grauhan*, a.a.O., S. 7.
[140] Über die im Laufe der Zeit nach Constant entstandenen Modalitäten seiner Lehre vom pouvoir neutre, auf die zum Teil auch Schmitts Lehre zurückgeht, vgl. *Grauhan*, a.a.O., S. 10 ff. mit weiteren Hinweisen.
[141] a.a.O., S. 234, 235.

II. Teil: Der Begriff der Ausfertigung im materiellen Sinne

Die Institution des Reichspräsidenten hat nach Schmitt den verfassungsrechtlichen Sinn, „die politische Einheit des ganzen Volkes vor einem zum Instrument pluralistischer Tendenzen gewordenen Parlament zu retten"[142].

Damit hat Schmitts pouvoir neutre — wie noch der Constants — nicht mehr die Aufgabe, eine Einheit zu *erhalten*, sondern sie erst *herzustellen*[143].

Schmitt[144] schreibt hierzu:

„Die Weimarer Verfassung hat hier den Versuch gemacht, gerade aus demokratischen Prinzipien heraus gegen die Herrschaft von Parlamentskoalitionen und gegen den Pluralismus sozialer und wirtschaftlicher Machtgruppen ein Gegengewicht zu bilden, die Einheit des Volkes als eines politischen Ganzen zu wahren und die verfassungsmäßige Ordnung vor einem Mißbrauch der Parteien zu schützen."

Um dieses Ziel zu erreichen, genügten aber nicht allein die oben auf S. 71 bei Constant genannten Befugnisse. Es bedurfte eines wirksameren Mittels. Das sieht Schmitt in den Befugnissen des Art. 48 WV[145]. Damit wurde Schmitts pouvoir neutre zu etwas anderem, nämlich einem echten pouvoir actif im Sinne Constants, einem politischen Machtfaktor ersten Ranges[146].

So gesehen, kann man — schon vom Begriff her — das, was Carl Schmitt als Hüter der Verfassung ansieht, kaum noch als pouvoir neutre bezeichnen. Es handelt sich vielmehr um eine weitere echte Gewalt mit all ihren Gefahren des Machtmißbrauchs, die Constant gerade mit seiner Balance-Lehre vom pouvoir neutre bekämpfen wollte.

Das zeigen die Befugnisse, aus denen Schmitt die Stellung des Reichspräsidenten als pouvoir neutre und Hüter der Verfassung herleitet, ganz deutlich.

Zunächst war es die Unabhängigkeit des Reichspräsidenten von den gesetzgebenden Gremien, die bei Carl Schmitt — ebenso wie bei Constant — eine unabdingbare Voraussetzung für die Stellung des Staatsoberhauptes als eines pouvoir neutre und eines Hüters der Verfassung war. Der Reichspräsident wurde vom ganzen deutschen Volk gewählt (Art. 41 WV), seine Amtsdauer betrug 7 Jahre (Art. 43 Abs. 1 WV), seine Abberufung (Art. 43 Abs. 2 WV) konnte nur unter erschwerten Umstän-

---
[142] a.a.O., S. 235; vgl. hierzu auch Smend mit seinem Gedanken zum „Integrationsfaktor", a.a.O., S. 18 ff.
[143] *Grauhan*, a.a.O., S. 18.
[144] a.a.O., S. 234.
[145] a.a.O., S. 218.
[146] Vgl. z. B. *Pohl* in HdbDStR I, S. 483: Reichstag und Reichspräsident gehören zusammen ... Beide zusammen erst bilden die Verkörperung der Volkssouveränität ... er (der Reichspräsident) soll in Wahrheit ein *Führer*, ein Staatsoberhaupt sein ...

§ 8 Die Prüfungsbefugnis des Bundespräsidenten

den durch das Volk erfolgen. Typisch für die Stellung des Reichspräsidenten als pouvoir neutre und Hüter der Verfassung ist für Schmitt gerade die sich aus der Weimarer Verfassung ergebende Verknüpfung des Amtes des Reichspräsidenten mit dem Volk, die Bezugnahme auf das „Ganze der politischen Einheit". Wörtlich heißt es hierzu bei Schmitt[147]:

„Die Bezugnahme auf das Ganze der politischen Einheit enthält immer einen Gegensatz gegen die pluralistischen Gruppierungen des wirtschaftlichen und sozialen Lebens und soll entweder eine Überlegenheit über derartige Gruppierungen herbeiführen oder aber wenigstens eine Neutralität. Wo das nicht der Fall ist, wirkt die äußerliche Übernahme solcher verfassungsgesetzlicher Formen als leere Fiktion."

Darüber hinaus sind es die Befugnisse des Reichspräsidenten gem. Art. 45 WV, das Recht zur Reichstagsauflösung gem. Art. 25 WV, Herbeiführung des Volksentscheides gem. Art. 73 WV und der Schutz der Verfassung gem. Art. 48 WV sowie schließlich die Ausfertigung und Verkündung der Gesetze, die die „neutrale und vermittelnde Stellung" des Reichspräsidenten als den berufenen Wahrer und Hüter des verfassungsmäßigen Zustandes und des verfassungsmäßigen Funktionierens der obersten Reichsinstanzen erkennen lassen[148]. Außerdem verweist Schmitt auf den Eid des Reichspräsidenten[149].

Aus all dem wird klar, was Schmitt und mit ihm die damalige Lehre zur Weimarer Verfassung unter pouvoir neutre und Hüter der Verfassung verstand:

Eine *Gewalt* im wahrsten Sinne des Wortes *neben* den drei übrigen Gewalten, die geeignet ist, diese in weitem Maße zu kontrollieren. Pouvoir neutre bedeutete eine *andere* Repräsentation des Volkes im Sinne eines Gegengewichts, das dem Pluralismus der den politischen Willen bildenden Parteien entgegengestellt war und ein „Gleichgewicht" zwischen Staatsoberhaupt und Parlament schaffen sollte[150], eine Gewalt also, die unabhängig und mit echten Machtmitteln ausgerüstet gestaltend in die Politik eingreifen konnte und sollte, und nicht ein Schiedsrichter- oder Schlichterdasein auf Grund menschlicher Persönlichkei oder überkommener Ehrfurcht vor dem hohen Amt sein sollte. Und Schmitt hat insoweit Recht damit. Man kann nicht — das hat Constant mit seiner Lehre vom pouvoir neutre ganz klar gemacht — von einem Staatsorgan als „unabhängiger, ausgleichender, über den politischen Strömungen stehender Gewalt" sprechen[151], dem für eine etwaige Schlichtung von Ge-

---
[147] a.a.O., S. 232.
[148] a.a.O., S. 233.
[149] a.a.O., S. 233, 234.
[150] Vgl. hierzu auch die Ausführungen *Schmitts* in Verfassungslehre, S. 197; dazu auch *Kimminich*, a.a.O., S. 49.
[151] So allerdings *Maunz-Dürig* für den Bundespräsidenten, a.a.O., Rdnr. 4 zu Art. 54; *von Mangoldt-Klein*, a.a.O., Vorbem. III 3 i vor Art. 54 mit vielen ähnlichen Zitaten.

gensätzen und zur Wahrung der Einheit die nötigen Befugnisse nicht zur Seite stehen, um im Notfall seinen Einfluß auch gegen den Willen großer Machtgruppen durchzusetzen.

Pouvoir neutre wäre ein inhaltsloser Begriff, wollte man in ihm nur eine mehr oder weniger starke weitgehend von der Persönlichkeit des jeweiligen Amtsinhabers abhängige *Möglichkeit* zur Einflußnahme sehen, die unter Umständen eine andere bedeutende Persönlichkeit des öffentlichen Lebens, sofern sie nur genügend Reputation besitzt, ebenfalls wahrnehmen könnte. An so etwas hat — wie aufgezeigt — die überkommene Lehre zum pouvoir neutre niemals gedacht. Sie verstand unter diesem Begriff wesentlich mehr als eine vage Chance zur Einflußnahme. Er versteht sich daher für den Bundespräsidenten nicht von selbst, wie Maunz in Maunz-Dürig meint[152].

Ein Vergleich der Stellung des Bundespräsidenten mit der des Reichspräsidenten zeigt im Gegenteil, daß der Bundespräsident heute weder als pouvoir neutre in dem überkommenen Sinn, noch als Hüter der Verfassung angesehen werden kann. Gerade diejenigen Befugnisse, die den Reichspräsidenten als pouvoir neutre und nach Schmitt damit auch als Hüter der Verfassung erscheinen lassen konnten, besitzt der Bundespräsident heute nicht mehr.

Der Reichspräsident konnte gem. Art. 25 WV den Reichstag auflösen. Die Bestimmung zeigt, daß der Wille der Weimarer Verfassung dahin ging, dem Parlament ein Kontrollorgan durch ein zweites, unmittelbar vom Volk gewähltes Organ entgegenzustellen[153]. Fromme bezeichnet diese Vorschrift mit Recht als die „Kernbestimmung des Gleichgewichtssystems, das die Weimarer Verfassung zwischen Reichspräsident und Reichstag hatte schaffen wollen", und bei Constant und Schmitt ist gezeigt, daß dieses Gleichgewichtssystem ein Hauptkriterium dessen ist, was man als pouvoir neutre bezeichnet. Nur zwei Schranken gab es für den Reichspräsidenten in seinem Auflösungsrecht: Die nur einmalige Auflösung aus gleichem Anlaß und das Erfordernis der Gegenzeichnung.

Ganz anders ist es beim Bundespräsidenten: Ein generelles Auflösungsrecht besitzt er nicht. Art. 63 Abs. 4 GG schafft heute die Möglichkeit, unsichere Mehrheitsverhältnisse im Bundestag zu verhindern, auf Grund derer es keine stabile Regierung geben kann. Keineswegs ist Art. 63 Abs. 4 GG aber ein „Mittel", durch Volksbefragung eine Verselbständigung der Funktion des Bundespräsidenten zur Führung einer eigenen Politik zu erreichen[154]. Damit entfällt bereits ein wesentliches Kriterium für die Qualifizierung des Bundespräsidenten als pouvoir neutre im herkömmlichen Sinne.

---

[152] a.a.O., Rdnr. 4 zu Art. 54.
[153] *Fromme*, a.a.O., S. 47.
[154] *Fromme*, a.a.O., S. 57; vgl. auch HChE darst. T., S. 37, 42.

§ 8 Die Prüfungsbefugnis des Bundespräsidenten

Ein wichtiges Wesensmerkmal des pouvoir neutre ist — wie gezeigt — seine Unabhängigkeit, wie sie für den Reichspräsidenten durch die gem. Art. 41 WV angeordnete Volkswahl zum Ausdruck kommt. Erst durch sie wurde der Reichspräsident zum Gegengewicht im Sinne des pouvoir neutre, weil nur sie ihm die „Festigkeit und Unabhängigkeit gegenüber dem Reichstag"[155] verschaffte, die für ein Kontrollorgan unerläßlich ist[156].

Daß die Väter des Grundgesetzes ein solches Kontrollorgan nicht haben schaffen wollen, zeigt das Grundgesetz. Sie bevorzugten die parlamentarische Wahl auf der etwas breiteren Grundlage der Wahl durch eine Bundesversammlung[157], gerade um eine Gleichgewichtsstellung zwischen Parlament und Staatsoberhaupt zu vermeiden. Daß die Form dieser Wahl dem Bundespräsidenten keine Unabhängigkeit in dem oben umrissenen Sinne gegenüber dem Parlament geben dürfte, zeigen z. B. die Äußerungen des Bundespräsidenten Lübke vor seiner Wiederwahl im Jahre 1964, als er sich für die Kandidatur nur zur Verfügung stellen wollte, wenn auch eine *breite* Mehrheit gesichert sei. Die Unabhängigkeit also, der ein pouvoir neutre als Träger gewichtiger politischer Funktionen bedarf und die ihm nur die Volkswahl geben kann, besitzt der Bundespräsident heute nicht mehr.

Es fehlt auch ein weiteres Erfordernis der Unabhängigkeit eines pouvoir neutre, nämlich die lange Amtszeit von 7 Jahren und die unbegrenzte Möglichkeit wiedergewählt zu werden, wie der Reichspräsident sie hatte (Art. 43 Abs. 1 WV). Gerade zur „Ausmerzung monarchischer Elemente in der Präsidentenstellung"[158] wurde die Amtszeit verkürzt und damit die politische Bedeutung des Staatsoberhauptes weiter eingeschränkt[159].

Den Vorstellungen der Weimarer Verfassung von einer „Gleichgewichtslage" zwischen Reichspräsident und Reichstag, vom „Gegengewicht" des Reichspräsidenten zum Reichstag und zur Reichsregierung im Sinne des pouvoir neutre entsprach auch die von der Weimarer Verfassung vorgenommene Verteilung der Einflußnahme auf die Regierungsbildung zwischen Reichspräsident und Reichstag.

In der Einflußnahme des Reichspräsidenten auf die Regierungsbildung sah man verschiedentlich seine „wichtigste selbständige Funktion", mit der er seine „politische Führereigenschaft" zu beweisen habe[160]. Es kann in dieser Arbeit nicht die gesamte Stellung des Reichspräsidenten bei der Regierungsbildung erörtert werden. Sie glich formell weitgehend

---
[155] *Anschütz*, a.a.O., Vorbem. vor Art. 41.
[156] Vgl. hierzu M. *Weber*, a.a.O., S. 365.
[157] Vgl. hierzu z. B. die Ausführungen *Süsterhenns*, PlenStenBer. S. 25; für die Wiedereinführung der Volkswahl heute W. *Weber*, a.a.O., S. 46 ff.
[158] *Fromme*, a.a.O., S. 46; *Kern* in BK, Erl. II 7 zu Art. 54.
[159] *Fromme*, a.a.O., S. 46.
[160] Hugo *Preuß*, a.a.O., S. 388.

der des Kaisers nach der alten Reichsverfassung, ging aber tatsächlich darüber hinaus[161]. Kennzeichnend ist jedenfalls, daß die Befugnis des Reichspräsidenten zur Ernennung und Entlassung der Regierung als *Kompetenz* ausdrücklich in der Verfassung stand, während die der Mitwirkung des Parlaments nur durch Auslegung abgeleitet wurde[162].

In der Praxis erteilte der Präsident einer Persönlichkeit seines Vertrauens unter Berücksichtigung der Mehrheitsverhältnisse im Reichstag den Auftrag zur Regierungsbildung. Gelang ihr diese, wurde sie zum Kanzler ernannt. Gelang sie nicht, nahm der Präsident den Auftrag zurück.

Dieser starke Einfluß auf die Bildung der Regierung hatte zur Weimarer Zeit eine nicht zu unterschätzende Einflußnahme auf die Regierungsgeschäfte zur Folge, was nicht zuletzt darin zum Ausdruck kam, daß der Reichspräsident Ebert nicht selten den Kabinettssitzungen zu präsidieren pflegte[163] und „keine große Entscheidung ohne ihn oder gar gegen ihn getroffen wurde"[164]. Der Reichspräsident bekam eine Art Mitbestimmungsrecht an den Richtlinien der Politik[165].

Ganz anders der Bundespräsident heute: Das Grundgesetz will die Bundesregierung in ein möglichst enges Verhältnis zum Bundestag bringen und läßt den Bundeskanzler daher vom Parlament wählen[166].

Da man keinen präsidial kontrollierten Parlamentarismus wünschte, band man den Bundespräsidenten trotz seines einmaligen Vorschlagsrechtes ganz klar an den Willen des Bundestages. Die Ernennung des Bundeskanzlers durch den Bundespräsidenten wurde zu einer reinen Formalität im Sinne einer „höchstinstanzlichen Beurkundung"[167]. Solche Befugnisse machen den Bundespräsidenten nicht zu dem, was man zur Weimarer Zeit unter pouvoir neutre verstand.

Ihm fehlen aber noch andere Befugnisse, mit denen Schmitt seine Lehre vom Reichspräsidenten als pouvoir neutre und Hüter der Verfassung stützte. Ein weiteres Glied in dem von der Weimarer Verfassung beabsichtigten Gleichgewichtssystem zwischen Präsident und Parlament[168] war die Befugnis des Reichspräsidenten, gem. Art. 73 Abs. 1 WV im Konfliktsfall den Volksentscheid über ein Gesetz herbeizuführen.

---

[161] Vgl. hierzu die ausführliche Darstellung bei *Fromme*, a.a.O., S. 57 ff. mit zahlreichen weiteren Nachweisen.
[162] Vgl. z. B. Anschütz, a.a.O., Anm. 2 zu Art. 53: „Ein *Recht*, bei der Bildung der Regierung mitzuwirken, steht dem Reichstag, seinen Parteien und Fraktionen nicht zu."
[163] Vgl. hierzu die Beispiele bei *Stampfer*, a.a.O., S. 417, 430.
[164] *Eschenburg*, Richtlinien, S. 197.
[165] *Eschenburg*, Richtlinien, S. 196.
[166] Vgl. HChE darst. T., S. 43; *Fromme*, a.a.O., S. 75.
[167] *Fromme*, a.a.O., S. 77.
[168] *Brusewitz*, a.a.O., S. 32; vgl. auch das Schema einer „Balancierung von Legislative und Exekutive" bei *Schmitt*, Verfassungslehre, S. 197.

§ 8 Die Prüfungsbefugnis des Bundespräsidenten

Auch hier lag — wie beim Auflösungsrecht — ein Mittel, die Macht des Parlaments zu beschränken, indem man das Volk auf Initiative des Reichspräsidenten über Annahme oder Ablehnung eines bestimmten Gesetzes entscheiden ließ. Da die Veranlassung des Volksentscheides ausschließlich in den Händen des Reichspräsidenten lag, kommt darin ganz deutlich seine Stellung als pouvoir neutre im Sinne Carl Schmitts zum Ausdruck. Wenngleich der Reichspräsident diese Befugnis niemals in Anspruch genommen hat[169], nahm der Grundgesetzgeber dem Bundespräsidenten auch sie, eben weil er die Gleichgewichtskonstruktion nicht bestehen lassen wollte, was wiederum zeigt, daß er keinen pouvoir neutre und keinen Hüter der Verfassung nach dem Modell Carl Schmitts schaffen wollte.

Die letzte wichtige Befugnis des Reichspräsidenten, mit der Schmitt seine These vom pouvoir neutre und Hüter der Verfassung stützte und durch die letztlich der pouvoir neutre Constants bei ihm zum pouvoir actif wurde, ist die weitestgehende und historisch vielleicht tragischste: die Kompetenz des Reichspräsidenten gem. Art. 48 WV.

Es kann hier nicht die gesamte Bedeutung dieser Verfassungsvorschrift aufgezeigt werden. Sie ist in der Literatur inzwischen hinreichend erörtert worden[170]. Es dürfte sich jedenfalls gezeigt haben, daß Art. 48 WV, obschon Schmitt auch ihn zur Stütze für seine Argumentation heranzieht, mehr war als ein Mittel zur Konstruktion eines bloßen Gleichgewichts zwischen Staatsoberhaupt und Parlament. Es mag dahingestellt bleiben, ob die Väter der Weimarer Verfassung das mit Art. 48 WV haben schaffen wollen, was er letzten Endes geworden ist, nämlich eine Mitursache für die Installierung der Diktatur in Deutschland. Art. 48 WV gab aber auch bei engster Auslegung dem Reichspräsidenten in gewissen Situationen die Gesetzgebungskompetenz und damit nahezu die gesamte Staatsgewalt in die Hand. Mit ihm bekannte sich die Weimarer Verfassung eindeutig zur Befugnis des Reichspräsidenten zur Einflußnahme auf die Gesetzgebung. Keine Vorschrift läßt seine völlig anders geartete Stellung daher in einem so klaren Licht erscheinen wie diese.

Dem Bundespräsidenten fehlt — sieht man von seinen im Verhältnis zu Art. 48 WV spärlichen Befugnissen aus Art. 81 GG ab — eine derartige Befugnis. Das Grundgesetz sieht keinen Fall vor, in dem er Gesetzgebungskompetenzen besitzt. Er ist weder ein Gegengewicht zu Parlament und Regierung, noch in eine Gleichgewichtskonstruktion zwischen den Gewalten eingebaut.

Aus all dem dürfte deutlich geworden sein, daß der Bundespräsident weder im Sinne der Lehre Constants noch der Carl Schmitts als pouvoir neutre angesehen werden kann, daß ihm im Gegenteil nahezu alle ver-

---
[169] *Apelt*, a.a.O., S. 204.
[170] Vgl. zum Beispiel die zahlreichen Hinweise bei *Fromme*, a.a.O., S. 112 ff.

fassungsrechtlichen Voraussetzungen hierzu fehlen. Das gleiche gilt für die aus dieser Lehre hergeleitete Stellung eines Hüters der Verfassung. Wenn Schmitt diese Stellung des Reichspräsidenten letztlich aus dem Eid ableitete[171], weil durch ihn dem Präsidenten — wie dem Monarchen — die *letzte* Verantwortung für die Erhaltung der Verfassung zugeschoben sei, so ist oben auf S. 64 ff. schon gezeigt worden, daß sich aus dem Eid des Bundespräsidenten hierzu nichts herleiten läßt. Daß die *letzte* Verantwortung — und die hat nach der Lehre Constants der pouvoir neutre — nicht beim Bundespräsidenten liegt, zeigt die Anklagemöglichkeit nach Art. 61 GG. „Ein Präsident, für den die reale Möglichkeit besteht, wegen einer vorsätzlichen Verfassungsverletzung angeklagt, vom Amte suspendiert und abgesetzt zu werden, kann nicht selbst Hüter der Verfassung"[172] und auch nicht pouvoir neutre in dem oben dargelegten Sinne sein, weil ihm die „somme totale de l'autorité" und damit die Grundvoraussetzung eines pouvoir neutre fehlt.

d) Die Prüfungsbefugnis des Bundespräsidenten bei Ernennungen

An dieser Stelle kann abschließend ein kurzer Blick auf die Befugnisse des Bundespräsidenten im Zusammenhang mit der Ministerernennung (Art. 64 Abs. 1 GG) und der Ernennung der Bundesrichter, Bundesbeamten, Offiziere und Unteroffiziere, (Art. 60 Abs. 1 GG) geworfen werden.

Dem Reichspräsidenten stand zur Weimarer Zeit eine umfassende Prüfungsbefugnis bei der Ministerernennung zu. Der Vorschlag des Reichskanzlers war für ihn nicht bindend, er konnte im Gegenteil die Ernennung verweigern, so daß der Reichskanzler neue Vorschläge machen mußte[173]. Sehr streitig dagegen ist in der Rechtslehre zum Grundgesetz die Frage, ob der Bundespräsident von sich aus aus bestimmten Gründen die Ernennung eines Ministers verweigern darf, ob ihm also eine bestimmte Prüfungsbefugnis hinsichtlich der Person der zu ernennenden Minister zusteht oder nicht[174]. Das Problem kann hier nicht in vollem Umfange erörtert werden. Jedoch sei auf einige Punkte hingewiesen:

---

[171] a.a.O., S. 233, 234.
[172] So mit Recht *Grauhan*, a.a.O., S. 87.
[173] So die herrschende Lehre, vgl. *Thoma* in HdbDStR I, S. 505, 506 mit weiteren Nachweisen; *Apelt*, a.a.O., S. 204, 205.
[174] Für die Verpflichtung zur Ernennung in jedem Fall etwa: *Dennewitz-Meder* in BK, Erl. II 1 zu Art. 64 (sie bezeichnen die Ernennung durch den Bundespräsidenten als „nicht mehr als einen Formalakt"); *Dreher*, a.a.O., S. 131; W. *Jellinek*, a.a.O., S. 383; für ein Recht auf Ablehnung eines Vorschlages sprachen sich u. a. aus: *Eschenburg*, a.a.O., S. 640; *Hamann*, Abs. 4 der Erl. zu Art. 64; *Maunz*, a.a.O., S. 325 ohne jede Begründung; ausführlich *Schneider*, a.a.O., S. 1331 bis 1333 mit vielen Nachweisen; vermittelnd: *Münch*, a.a.O., S. 149 ff.; *von Mangoldt-Klein*, a.a.O., Anm. III 4 d zu Art. 64.

§ 8 Die Prüfungsbefugnis des Bundespräsidenten

Auch hier ist auf die oben umrissene Stellung des Staatsoberhauptes, die durch die Schwächung der Stellung des Bundespräsidenten und die Stärkung der des Bundeskanzlers gekennzeichnet ist, zurückzugreifen. Selbst wenn man jene Ansichten, die in der Ernennungsbefugnis eine reine Formalbefugnis ohne jede Prüfungskompetenz sehen, nicht in vollem Umfange anerkennt und im Normalfall dem Bundespräsidenten eine gewisse Mitwirkungsbefugnis (etwa Prüfung der formalrechtlichen Voraussetzungen usw.) einräumt, so wird man ihn dennoch — wenn es hart auf hart kommt — als zur Ernennung der Minister verpflichtet ansehen müssen. Art. 63 GG begrenzt die Mitwirkungsbefugnis des Bundespräsidenten bei der Regierungsbildung und es ist insoweit W. Jellinek[175] zuzustimmen, wenn er darauf hinweist, daß, wenn dem Bundespräsidenten nach Art. 63 Abs. 3 und 4 sogar ein Bundeskanzler aufgezwungen werden kann, es ihm nicht gestattet sein kann, die Regierungsbildung auf dem Umweg über die Ausübung seiner Befugnis zur Ernennung der Bundesminister unmöglich zu machen oder zu erschweren[176]. Allein der Bundeskanzler bestimmt die Richtlinien der Politik, und ihn politisch zu kontrollieren obliegt ausschließlich dem Parlament. Wenn er allein die Richtlinien der Politik zu bestimmen hat, dann muß er — und letztlich er allein — darüber entscheiden, mit welchen Männern seines Vertrauens er diese Politik durchführen will[177].

Noch schwächer sind die Befugnisse des Bundespräsidenten nach Art. 60 GG bei der Bundesrichter-, Bundesbeamten-, Offiziers- und Unteroffiziersernennung. Auch dieser Punkt — ebenfalls streitig in der Literatur[178] — kann nur gestreift werden.

Für die hier ausschließlich interessierende Frage der richtigen Interpretation des Art. 82 GG aus der verfassungsrechtlichen Stellung des Bundespräsidenten genügt die Feststellung, daß die Befugnisse aus Art. 60 Abs. 1 GG unter Gesetzesvorbehalt stehen. Das Parlament kann sie dem Bundespräsidenten durch ein einfaches Gesetz nehmen, was zum Teil im Bundesbeamtengesetz auch geschehen ist (z. B. § 176 BBG)[179].

Allein das zeigt, daß hier keine Befugnisse liegen, aus denen man auf eine besondere Funktion des Staatsoberhauptes schließen könnte. Interessant ist nur, daß Carl Schmitt seine Lehre vom pouvoir neutre und Hüter der Verfassung ausdrücklich auch mit der Befugnis des Reichspräsidenten zur Beamtenernennung stützte[180], die im übrigen nach der

---

[175] a.a.O., S. 383.
[176] a. A. *Schneider*, a.a.O., S. 1330 bis 1333.
[177] So auch *Hall*, a.a.O., S. 307.
[178] Vgl. die Hinweise bei *Hall*, a.a.O., S. 308.
[179] Vgl. die weiteren Nachweise bei *Maunz-Dürig*, a.a.O., Rdnr. 6 zu Art. 60.
[180] a.a.O., S. 218.

herrschenden Lehre zur Weimarer Verfassung auch eine umfassende Prüfungsbefugnis vorsah.

Das alles zeigt, daß eine Charakterisierung des Bundespräsidenten als pouvoir neutre und damit im Sinne Carl Schmitts auch als Hüter der Verfassung heute nicht mehr möglich ist und daß darum eine Heranziehung dieser Begriffe bei der Interpretation des Art. 82 GG fehlgeht[181]. Die obigen Ausführungen haben im Gegenteil deutlich gemacht, daß nach dem Grundgesetz dem Bundespräsidenten die politisch gestaltende Funktion und damit die Mitwirkung an der staatlichen Willensbildung entzogen ist. Das bedeutet, daß — aus seiner staatsrechtlichen Stellung geschlossen — alles dagegen spricht, daß ihm eine materielle Prüfungsbefugnis bei der Ausfertigung der Gesetze zusteht, denn es ist nachgewiesen worden, daß in ihrer Ausübung — jedenfalls in bestimmten Fällen — echte Einflußnahme auf den staatlichen Gesetzgebungswillen liegen kann, der nach dem Grundgesetz allein Bundestag und Bundesrat vorbehalten ist.

Wenn sogar der Herrenchiemseer-Entwurf meint[182], er „unterbreite den Vorschlag, den Bundespräsidenten als einen echten pouvoir neutre in die Lage zu versetzen, eine ausgleichende Wirkung zwischen den Organen des Verfassungsaufbaus auszuüben", dann beruht das entweder auf einer Verkennung des Begriffs des pouvoir neutre oder war in einem anderen Sinne gemeint, der dann allerdings der terminologischen Klarstellung bedurft hätte.

Sollte die Charakterisierung etwa in dem Sinne gemeint sein, daß die Stellung als pouvoir neutre ausschließlich aus der „Persönlichkeit" des Bundespräsidenten erwachse[183], so liegt darin einfach eine Verkennung dessen, was pouvoir neutre heißt. Der Bundespräsident ist ein Verfassungsorgan, dessen Funktion unabhängig von der Person des jeweiligen Amtsinhabers verfassungsrechtlich festgelegt ist. Wollte man pouvoir neutre in dem obigen Sinne verstehen, so würde es — rein zufällig und wechselnd mit der Persönlichkeit, welche das Amt gerade bekleidet — einen pouvoir neutre in der Bundesrepublik geben oder nicht. Das kann nicht mit dem Sinn einer demokratischen Verfassung vereinbar sein, die grundsätzlich das Gewicht nicht auf die Autorität einer *Person*, sondern auf die eines *Organs* legt[184], schon um den Gefahren, die von „Führerpersönlichkeiten" ausgehen, zu begegnen. Die Institution des Bundespräsidenten als Staatsorgan besitzt aber — wie gezeigt — vom Grundgesetz her diese Autorität gerade nicht.

---
[181] Vgl. hierzu vor allem jetzt *Kimminich*, a.a.O., S. 79, 82.
[182] HChE darst. T., S. 41; vgl. auch die Ausführungen der Abgeordneten Dr. *Schmid*, PlenStenBer., S. 173 und Dr. *Leer*, S. 202.
[183] So versteht offenbar *Maunz*, a.a.O., S. 324 den Begriff.
[184] Ähnlich *Grauhan*, a.a.O., S. 90.

e) Das Bundesverfassungsgericht als „pouvoir neutre"

Wenn die systematisch-teleologische Interpretation bisher in erster Linie rein *negativ* keine Anhaltspunkte für die materielle Prüfungsbefugnis ergeben hat und nur gewisse Rückschlüsse darauf zuläßt, daß dem Bundespräsidenten eine Einflußnahme auf gesetzgeberische Willensäußerungen verwehrt sein soll, so ergeben sich aus ihr aber auch *positiv* sichere Hinweise für die Richtigkeit der letzteren Annahme und gegen die Bejahung einer materiellen Prüfungsbefugnis.

Entscheidend gegen diese spricht nämlich die Tatsache, daß das Bonner Grundgesetz — zum ersten Male in der Geschichte Deutschlands — ein besonderes Verfassungsorgan geschaffen hat, dessen Aufgabe gerade darin besteht, gesetzgeberische Willensäußerungen auf ihre Verfassungsmäßigkeit hin zu kontrollieren[185].

Die Feststellung, ob ein Gesetz inhaltlich und förmlich dem Grundgesetz entspricht, kann mit letzter Autorität allein das Bundesverfassungsgericht treffen. Seine Aufgabe besteht darin, das zu sein, was man Hüter der Verfassung genannt hat und heute noch nennt. Es besitzt auch nahezu sämtliche Eigenschaften dessen, was nach der überkommenen Lehre unter „pouvoir neutre" zu verstehen ist. Deshalb besteht auch zwischen einer eventuellen materiellen Prüfungsbefugnis des Bundespräsidenten und der des Reichspräsidenten ein eklatanter Unterschied: Während die Weigerung des Reichspräsidenten zur Weimarer Zeit, weil es keine Verfassungsgerichtsbarkeit gab, eine Letztentscheidung bedeutete, die den Gesetzesbeschluß unter Umständen gänzlich zu Fall brachte, ist eine entsprechende Weigerung des Bundespräsidenten heute vom Bundesverfassungsgericht überprüfbar und wird daher in der Regel keine Letztentscheidung darstellen. Allerdings kann es auch zur letzteren kommen, wie noch gezeigt werden wird.

Es kann und braucht hier nicht in aller Breite auf das Wesen der Verfassungsgerichtsbarkeit eingegangen zu werden[186]. Mit der überwiegenden Meinung wird man auch die Urteile des Bundesverfassungsgerichts als echte Rechtsentscheidungen ansehen müssen[187], was nicht ausschließt, daß sie in bestimmten Fällen Beeinflussung und Kontrolle von Willensäußerungen anderer Gewalten bedeuten.

§ 31 BVerfGG spricht ausdrücklich aus, daß die Entscheidungen des Bundesverfassungsgerichts die Verfassungsorgane des Bundes und der Länder sowie alle Gerichte und Behörden binden, in einer Reihe von

---

[185] Zur Stellung des Bundesverfassungsgerichts als „Hüter der Verfassung" bzw. als „pouvoir neutre" vgl. die Literaturhinweise bei *Kimminich*, a.a.O., S. 75, Fn. 215.
[186] Vgl. hierzu z. B. *Maunz*, a.a.O., S. 237 ff. mit umfangreichem Literaturnachweis.
[187] Vgl. hierzu *Maunz*, a.a.O., S. 238 ff.; A. *Arndt*, a.a.O., S. 297 ff.

Fällen sogar Gesetzeskraft haben und der gesetzeskräftige Teil der Entscheidungsformel durch den Bundesminister der Justiz im Bundesgesetzblatt zu veröffentlichen ist.

Hier wird die Aufgabe des Bundesverfassungsgerichts als Hüter der Verfassung ganz deutlich, denn „in seiner Eigenschaft als oberstes Gericht, das heißt als unabhängige, neutrale, normgebundene Instanz, nimmt es unmittelbar durch seine Rechtsprechung an dem Prozeß der *staatlichen Willensbildung* auf *höchster* Ebene teil, denn es hat diejenigen Normen, welche die verfassungsmäßig gewährleistete *Balance der Gewalten* sichern sollen, *verbindlich* auszulegen und anzuwenden und bei Verletzung durch ein oberstes Staatsorgan *das Gleichgewicht wieder herzustellen*"[188].

Wie sehr erinnern diese Worte des Präsidenten des Bundesverfassungsgerichts an das, was Constant zu seinem pouvoir neutre und das, was Carl Schmitt vom Hüter der Verfassung gesagt haben.

Die dem Bundesverfassungsgericht zugewiesenen Aufgaben sichern nach Müller[189] dreierlei, nämlich:

1. daß die Zusammenfassung der vielfältigen Handlungen und *Willensäußerungen der übrigen obersten Staatsorgane* zu einer *einheitlichen Wirkung* sich nach dem Plane der Verfassung vollzieht und gestaltet,
2. daß die Staatsgewalt *die ihr gezogenen Grenzen* nicht überschreitet,
3. daß die der Verfassung zugrunde liegenden obersten Rechtswerte verwirklicht werden.

Sieht man so die Aufgaben des Bundesverfassungsgerichts, so kann man von ihm mit Recht als dem „Integrationsfaktor" für das Entstehen, das Bestehen und die Entfaltung staatlicher Einheit und damit auch zu Recht von einem echten Verfassungsorgan sprechen[190].

Es trägt ungefähr sämtliche Merkmale des pouvoir neutre Constants, übertragen auf eine nichtmonarchische, demokratische Verfassung[191]. Als nicht zu den „pouvoirs actifs" i. S. Constants gehörend stellt es die höchste Autorität im Staate dar, weil es — als einziges Verfassungsorgan — die umfassende Autorität (la somme totale de l'autorité) der Verfassung verwirklicht.

---

[188] G. *Müller*, a.a.O., S. 14, 15; Hervorhebungen vom Verfasser.
[189] a.a.O., S. 15 (Hervorhebungen vom Verfasser).
[190] G. *Müller*, a.a.O., S. 15; *Leibholz*, a.a.O., S. 73 mit vielen Nachweisen; vgl. zum Gedanken des „Integrationsfaktors" insbes. *Smend*, a.a.O., S. 18 ff.
[191] Nicht hierher gehören allerdings jene Zuständigkeiten des Bundesverfassungsgerichts, nach denen es gegenüber nichtstaatlichen Instanzen tätig wird (Art. 18 Abs. 2, 21 Abs. 2 GG), ebensowenig die Zuständigkeiten gem. Art. 100 Abs. 2 und 126 GG, da es hier nicht um Willensäußerungen von Gesetzgebungsorganen geht; vgl. hierzu *Grauhan*, a.a.O., S. 97.

Eine seiner Aufgaben ist es — worauf Müller hinweist —, die Balance der Gewalten zu gewährleisten, also genau die, die Constant als pouvoir réparatrice[192] seinem pouvoir neutre zuweist: die gem. Art. 93 Abs. 1 Nr. 1 und 3 GG. Hier wird das Bundesverfassungsgericht ausschließlich als „Autorität" und niemals von amtswegen tätig. Sein Ausspruch beschränkt sich in der Feststellung, daß das eine oder andere Organ sich verfassungsgemäß bzw. nicht verfassungsgemäß verhalten hat oder verhält (vgl. §§ 67, 69 BVerfGG)[193].

Dem Constant'schen pouvoir préservateur des pouvoir neutre entsprechen auf der anderen Seite die Befugnisse des Bundesverfassungsgerichts zur Normenkontrolle (Art. 93 Abs. 1 Nr. 2 und Art. 100 Abs. 1 GG) und zur Entscheidung über die Verfassungsbeschwerde (Art. 93 Abs. 2 GG). Durch sie wird die Kontinuität und Verfassungsmäßigkeit staatlicher Willensäußerungen kontrolliert und insbesondere der Gesetzgeber bei seiner Willensentfaltung auf Einhaltung der ihm durch die Verfassung gesetzten Schranken überwacht.

Der Funktion des pouvoir neutre im überkommenen Sinne entspricht auch die verfassungsrechtliche Stellung des Bundesverfassungsgerichts. Als zur rechtsprechenden Gewalt gehörig (Art. 92 GG) ist es klar von Organen der Exekutive und Legislative (den pouvoirs actifs) getrennt. Im Gegensatz zu den pouvoirs actifs wird es nicht aktiv, sondern ausschließlich passiv tätig. Seine Entscheidungen sind nicht Äußerungen eigenen, sondern fremden Willens, nämlich des Willens, der in der Verfassung zum Ausdruck gelangt[194]. Deutlich geschieden ist das Bundesverfassungsgericht mit seinem Rechtsweg aber auch von den übrigen Gerichtsbarkeiten, denn es ist Verfassungsorgan[195].

Hinzu kommt seine Selbständigkeit und Unabhängigkeit[196]: Seine Verwaltung ist wie die des Bundespräsidialamtes, des Bundestages und des Bundesrates inzwischen verselbständigt. Die Beamten des Bundesverfassungsgerichts sind denen des Bundestages gleichgestellt und Bundesbeamte. Sie werden vom Präsidenten des Bundesverfassungsgerichts ernannt, entlassen und in den Ruhestand versetzt. Er ist oberste Dienstbehörde für die Beamtenschaft. Der Haushalt des Bundesverfassungsgerichts ist verselbständigt. Die Richter unterliegen weder der Weisungsgewalt noch der Dienstaufsicht eines Dienstvorgesetzten. Sie haben einen eigenen verfassungsrechtlichen Status, der sie „niemandem anders als unmittelbar dem Staate selbst gegenüber gewissensmäßig verpflichtet"[197].

---

[192] a.a.O., T. 1, p. 19.
[193] Zur Funktion des Bundesverfassungsgerichts als „pouvoir réparatrice" vgl. auch *Grauhan*, a.a.O., S. 98, 99.
[194] *Grauhan*, a.a.O., S. 105, 106.
[195] Vgl. hierzu oben Fn. 190.
[196] Vgl. auch § 1 BVerfGG.
[197] *Leibholz*, a.a.O., S. 81 mit ausführlichen weiteren Nachweisen.

II. Teil: Der Begriff der Ausfertigung im materiellen Sinne

So erfüllt das Bundesverfassungsgericht seine Aufgaben in geradezu idealer Weise im Sinne des pouvoir neutre Constants. Hauptbetätigungsfeld ist der Verfassungsrechtskreis. Es wird zugleich gestaltend, bewahrend und regulierend, machtverteilend und machtbegrenzend im Hinblick auf die anderen Verfassungsorgane tätig[198]. Um diese Aufgabe erfüllen zu können, ist dem Bundesverfassungsgericht expressis verbis die Ausübung der materiellen Prüfungsbefugnis zugewiesen. Im Normenkontrollverfahren haben seine Entscheidungen Gesetzeskraft. Das bedeutet nichts anderes, als daß es materiell im Bereiche der Gesetzgebung tätig ist und hier die richterliche Gewalt in die gesetzgeberische Sphäre hinübergreift[199]. Man könnte auch sagen, daß der verfassungsmäßig berufene pouvoir neutre als Hüter der Verfassung gesetzgeberische Willensäußerungen auf ihre Verfassungsmäßigkeit (ihre Erlaubtheit) hin kontrolliert[200].

Diese Kompetenz ist dem Bundesverfassungsgericht kraft ausdrücklicher gesetzlicher Bestimmung zugewiesen, während man sie dem Bundespräsidenten lediglich im Wege der Gesetzesauslegung zubilligen will.

Daran wird deutlich, daß hier das Grundgesetz genau das Kontrollorgan geschaffen hat, nach dem man bei der Diskussion um das richterliche Prüfungsrecht letztlich suchte und das man in Ermangelung anderer Institutionen im Staatsoberhaupt glaubte sehen zu können. Daß in Anbetracht dieser Situation heute ein Bedürfnis der Kontrolle eines Gesetzes auf seine Verfassungsmäßigkeit beim Abschluß des Gesetzgebungsverfahrens nicht mehr besteht, muß einleuchten. Wertenbruch hat — offenbar als erster — darauf hingewiesen[201]. Darüber hinaus hat auch Laforet[202] aus der Existenz des Bundesverfassungsgerichts — ebenso wie Carlo Schmid den richtigen Schluß gezogen, daß eine die materielle Prüfungsbefugnis des Bundespräsidenten bejahende Auslegung des Art. 82 GG nicht mehr möglich ist.

Materielle Prüfungsbefugnis bedeutet — wie oben gezeigt — Befugnis zur Kontrolle gesetzgeberischer Willensäußerungen auf ihre verfassungsrechtliche „Erlaubtheit" und damit Befugnis zur Einflußnahme auf den vom Gesetzgeber (für ihn selbst bindend) erklärten Gesetzgebungswillen. Hierzu ist — nach der gesamten Konzeption des Grundgesetzes kraft ausdrücklicher Zuweisung — ausschließlich das Bundesverfassungsgericht befugt, nicht das Staatsoberhaupt, wie seine verfassungsrechtliche Stellung klar erkennen läßt. Nach dem eindeutigen Willen des Grundgesetzes

---
[198] *Leibholz*, a.a.O., S. 71.
[199] Bestritten, wie hier *Leibholz*, a.a.O., S. 78; *Geiger*, a.a.O., S. 482; BVerfGE Bd. 1, S. 409; a. A. z. B. *Scheuner*, Rechtsprechung, S. 617.
[200] Auch Friesenhahn bezeichnet das Bundesverfassungsgericht als *den* „Hüter der Verfassung", a.a.O., S. 689; ähnlich *Kimminich*, a.a.O., S. 83.
[201] a.a.O., S. 204.
[202] a.a.O., S. 54.

§ 8 Die Prüfungsbefugnis des Bundespräsidenten

soll die Prüfung durch das Bundesverfassungsgericht erst *nach* Verkündung des zu überprüfenden Gesetzes beginnen. Das zeigt, daß eine Einmischung selbst des Bundesverfassungsgerichts in das Gesetzgebungsverfahren nicht erfolgen soll, daß das Grundgesetz also davon ausgeht, daß dessen (immerhin ja letztverbindliche) Kontrolle *nach* Inkrafttreten des Gesetzes hinreichenden Rechtsschutz gewährleistet. Wenn aber kraft positiver Verfassungsbestimmung nicht einmal das Bundesverfassungsgericht, dessen Aufgabe gerade in der Prüfung der Verfassungsmäßigkeit eines Gesetzes besteht, vor der Verkündung eine materielle Prüfungsbefugnis besitzt, so läßt das nur den Schluß zu, daß auch nicht ein anderes Organ vor dem Inkrafttreten in dieser Weise tätig werden soll[203]. Zumindest wäre es höchst seltsam, wenn der Verfassungsgesetzgeber kraft positiver Vorschrift für den Hüter der Verfassung die Materie in dieser Weise geregelt hätte, einem anderen Verfassungsorgan dagegen, nämlich dem Bundespräsidenten, dem er nicht ein solche Hüterfunktion hat einräumen wollen, die materielle Prüfung vor Inkrafttreten hat zugestehen wollen, ohne dies ausdrücklich im Gesetz zum Ausdruck zu bringen.

Wenn C. Arndt[204] in diesem Zusammenhang meint, es sei nicht erkennbar, weshalb die materielle Prüfungsbefugnis vor und nach der Ausfertigung nur dem gleichen Verfassungsorgan zustehen solle, weil es sich vor Verkündung bei der Prüfung um einen Teil des Gesetzgebungsverfahrens handele, das Verfahren gem. Art. 93 Abs. 1 Nr. 2 GG sich aber gegen eine — wenigstens scheinbar — vollwirksame Norm richte, so geht dieses Argument fehl. Zwar ist es richtig, daß die Ausfertigung noch ein Teil des Gesetzgebungsverfahrens darstellt, aber nur des Gesetzgebungsverfahrens im weiteren Sinne, wie oben ausgeführt. Tatsächlich ist zur Zeit der Ausfertigung der Prozeß der staatlichen Willensbildung abgeschlossen. Die Träger dieses Willens, nämlich Bundestag und Bundesrat, sind an ihren einmal geäußerten Willen gebunden. Wenn man unter dem eigentlichen Gesetzgebungsverfahren den Prozeß der „Erschaffung des Gesetzes" versteht, — und nur darauf kommt es hier an — so unterscheidet sich die Situation im Hinblick auf die Gesetzgebungsorgane im Augenblick der Ausfertigung nicht von der nach der Verkündung. In jedem Falle ist das Gesetz bzw. der Gesetzesbeschluß der Einflußnahme der Träger des Gesetzgebungswillens entzogen. Grundgesetz und Bundesverfassungsgerichtsgesetz lassen aber deutlich erkennen, daß solche Willensäußerungen mit letzter Verbindlichkeit nur das Bundesverfassungsgericht und niemand anders korrigieren soll.

---

[203] *Wertenbruch*, a.a.O., S. 203; und darum kann eine Verpflichtung des Bundespräsidenten zur materiellen Prüfung auch nicht etwa aus Art. 20 Abs. 3 abgeleitet werden, wie aus dem oben Gesagten hervorgeht.
[204] a.a.O., S. 606 und auch *Schäfer*, a.a.O., S. 436.

Der gleichen Ansicht wie Arndt und Schäfer ist Anders[205], der meint, die Entscheidung über die Ausfertigung als Teil des Gesetzgebungsverfahrens greife der Verfassungsgerichtsbarkeit nicht vor, sondern unterliege ihr ebenso wie die anderen Akte der Gesetzgebung. Das stimmt nicht in dieser umfassenden Form. Es darf nicht übersehen werden, daß die Weigerung des Bundespräsidenten das Gesetz auszufertigen, Verkündung und Inkrafttreten hinauszögert. Da aber der in dem Gesetzesbeschluß mitenthaltene Wille der Gesetzgebungsorgane auf unverzügliche Verkündung des Gesetzes nicht durchgeführt wird, wird durch die Weigerung ein Rechtszustand geschaffen, der diesem geäußerten Willen des Bundestages und des Bundesrates widerspricht. Denn der gewollte neue Rechtszustand tritt mangels sofortigen Inkrafttretens des Gesetzes nicht ein. Insofern geschieht also schon etwas durch die Weigerung, was nach dem Grundgesetz allein kraft Tätigwerdens des Bundesverfassungsgerichts eintreten soll, nämlich eine Korrektur gesetzgeberischer Willensäußerungen. Darüber hinaus muß im Falle einer Weigerung des Bundespräsidenten das Bundesverfassungsgericht ja nicht unbedingt angerufen werden. Gegen die Weigerung könnte zwar nach Art. 93 Abs. 1 Nr. 1 GG i. V. mit § 13 Nr. 5 BVerfGG das Bundesverfassungsgericht angerufen werden und dieses dann letztverbindlich entscheiden. Eine solche Anrufung muß aber nicht erfolgen. Wie ist es, wenn kein antragsberechtigtes Verfassungsorgan den Antrag auf Entscheidung des Bundesverfassungsgerichts stellt? Es könnte so genau das erreicht werden, was — wie oben ausgeführt — nicht sein darf. Der Bundestag könnte auf dem Umweg über die Weigerung des Bundespräsidenten einen einmal geschaffenen Beschluß indirekt „widerrufen". Wenn also auch eine materielle Prüfungsbefugnis des Bundespräsidenten grundsätzlich keine „Letztentscheidungskompetenz" bedeutet (weil das Bundesverfassungsgericht ja immer angerufen werden *kann*), so läge in dem zuletzt angeführten Beispiel doch eine „Letztentscheidung" vor. Man kann daher sagen, daß in der rechtlichen Zulässigkeit der Weigerung zumindest eine „potentielle" Letztentscheidungsbefugnis liegt[206].

Ein ähnlicher Fall kann eintreten, wenn die politische Konstellation im Bundestag derart ist, daß eine Partei kraft der Mehrheitsverhältnisse es verhindern kann, daß sich eine Zweidrittel-Mehrheit für die Anrufung des Bundesverfassungsgerichts findet. In diesem Falle wäre es sogar eine ganz bestimmte politische Gruppe, die im Einvernehmen mit dem Bundespräsidenten das Inkrafttreten eines einmal beschlossenen Gesetzes endgültig verhindern könnte. Der Grundsatz der „Unwiderruflichkeit" eines Gesetzesbeschlusses wäre abermals durchbrochen, das Bun-

---

[205] a.a.O., S. 657.
[206] So auch *Hall,* a.a.O., S. 307.

desverfassungsgericht bei solchen politischen Konstellationen in seiner Kontrollfunktion unter Umständen lahmgelegt.

In Anbetracht der Existenz des Bundesverfassungsgerichts kann aber im Grundgesetz eine derartige, wenn auch nur potentielle Möglichkeit einer Letztentscheidung des Bundespräsidenten nicht gewollt sein. Hier liegt ein entscheidender Grund gegen die Annahme der materiellen Prüfungsbefugnis. Er widerlegt insbesondere die Meinungen, welche die Ausübung einer solchen Befugnis lediglich als „unter der Verfassungsgerichtsbarkeit stehende Vorkontrolle im Rahmen des Gesetzgebungsverfahrens" sehen.

f) Die tatsächliche Prüfungsmöglichkeit

Ein weiterer Grund, der gegen die materielle Prüfungsbefugnis des Bundespräsidenten spricht, ergibt sich noch aus einem anderen Gesichtspunkt:

Mit Recht weist C. Arndt[207] darauf hin, daß auch die Frage auftaucht, wie weit der Bundespräsident überhaupt in der Lage ist, eine derartig komplizierte verfassungsrechtliche Entscheidung selbst zu treffen. Noch kein deutscher Reichspräsident und Bundespräsident war Jurist, ganz abgesehen davon, daß auch ein einzelner Jurist überfordert sein dürfte, verfassungsrechtliche Entscheidungen von solcher Tragweite und Schwierigkeit zu treffen. Man denke nur daran, daß in jedem der zwei Senate des Bundesverfassungsgerichts acht höchst qualifizierte Richter sitzen und im Falle des § 16 BVerfGG sogar beide Senate gemeinsam entscheiden.

Der Bundespräsident, der früher die Möglichkeit hatte, gem. Art. 97 Abs. 2 GG ein Gutachten des Bundesverfassungsgerichts zu erbitten, hat diese Befugnis heute nicht mehr[208].

Der Bundespräsident steht also allein und ist auf die Mithilfe der Beamten des Bundespräsidialamtes angewiesen. Darüber hinaus könnte er sich natürlich jeden sachverständigen Rates bedienen. Die Vertreter der

---
[207] a.a.O., S. 606.
[208] Und darum kann man auch — wie *Anders,* a.a.O., S. 657 es tut — aus der alten Formulierung des Art. 97 Abs. 2 GG kein Argument für die materielle Prüfungsbefugnis ableiten. Es mag sein, daß diese Vorschrift nicht weggefallen ist, weil man zu der Erkenntnis gelangt war, daß dem Bundespräsidenten keine materielle Prüfungsbefugnis zusteht. Wenn man sie aber für unzweckmäßig gehalten und deshalb abgeschafft hat, hätte man sich — wenn man von der materiellen Prüfungsbefugnis ausgegangen wäre — zumindest mit der Frage auseinandersetzen müssen, ob es wirklich zweckmäßig sei, dem Bundespräsidenten seine wichtigste Unterstützungsmöglichkeit bei Ausübung der Prüfung zu nehmen. Weder für noch gegen die materielle Prüfungsbefugnis lassen sich daher aus der alten Fassung des Art. 97 GG Argumente ableiten, zumal die Vorschrift ja unter Umständen auch für die formelle Prüfungsbefugnis Bedeutung gehabt hätte.

die materielle Prüfungsbefugnis bejahenden Meinung verweisen nun darauf, daß er sich in erster Linie des Rates des zuständigen Fachministers bedienen, in schwierigen Fällen auch Gutachten der Bundesminister der Justiz und des Inneren über die Verfassungsmäßigkeit anfordern könne[209], wobei es dann ohne Bedeutung sein soll, ob diese Minister im konkreten Falle an der Gegenzeichnung beteiligt waren oder nicht. Außerdem soll der Bundespräsident das Gutachten einer unabhängigen Persönlichkeit, etwa eines anerkannten Staatsrechtslehrers, einholen können.

Es ist zwar richtig, daß nirgendwo vorgeschrieben ist, daß der Kreis der Berater des Bundespräsidenten beschränkt sein soll. Aber was besagt das für die Frage der tatsächlichen Prüfungsmöglichkeit? Anders und Arndt gehen offenbar selbst davon aus, daß das Grundgesetz von dem Bundespräsidenten hier eine Tätigkeit verlangt, die ihn in seiner Eigenschaft als Organwalter überfordert und bei der er unter Umständen auf die Mithilfe anderer Organe oder sogar unabhängiger Stellen angewiesen ist.

Wenn man den Bundespräsidenten als letztes unabhängiges Kontrollorgan *vor* dem Bundesverfassungsgericht ansehen will, wie kann sich damit vereinbaren lassen, daß er sich bei der Ausübung dieser Kontrolle wiederum anderer Stellen, die schon an der Erschaffung des Gesetzes beteiligt waren, bedienen muß? Und wie wird wohl das Gutachten eines Fachministers, der das betreffende Gesetz bereits vorher gegengezeichnet hat, aussehen? Ist es nicht widersinnig zu behaupten, daß das Grundgesetz dem Bundespräsidenten eine ganz bestimmte Prüfungsbefugnis zuweist, die letztlich eine Kontrolle sämtlicher an der Gesetzgebung beteiligten Organe, also auch der Bundesregierung bedeuten soll und andererseits zuzugeben, daß der Bundespräsident diese Funktion allein gar nicht erfüllen kann und seinerseits wieder auf die Unterstützung der zu kontrollierenden Organe angewiesen ist? Welchen Sinn hat dann noch eine derartige „Kontrolle"? Von einer echten Kontrolle kann doch dann nicht mehr die Rede sein, wenn der zu Kontrollierende mitkontrolliert. Und wenn man berücksichtigt, daß das Grundgesetz ein eigens für die Überprüfung der Verfassungsmäßigkeit von Gesetzen bestimmtes Kontrollorgan mit all den hierfür erforderlichen Voraussetzungen (in erster Linie einer großen Zahl qualifizierter Richter) geschaffen hat, so kann auch hieraus nur der Schluß gezogen werden, daß das Grundgesetz mit dem Bundespräsidenten ein Kontrollorgan in diesem Sinne nicht hat schaffen wollen.

4. Ergebnis

Zusammenfassend ist daher als Ergebnis der Interpretation des Art. 82 GG thesenhaft folgendes festzustellen:

---

[209] z. B. *Anders,* a.a.O., S. 657; C. *Arndt,* a.a.O., S. 606.

1. Im Wege der Wortinterpretation läßt sich aus Art. 82 GG die formelle Prüfungsbefugnis des Bundespräsidenten ableiten. Im Zusammenhang mit Art. 78 GG bringt sie auch ein Indiz dafür, daß an eine materielle Prüfungsbefugnis nicht gedacht ist.
2. Die logische Interpretation ergibt für oder gegen die materielle Prüfungsbefugnis keine Anhaltspunkte. Das wesentliche Argument gegen die hier vertretene Ansicht, daß nämlich formelle und materielle Verfassungsmäßigkeit begrifflich logisch untrennbar seien, ist nicht stichhaltig.
3. Wesentliche Anhaltspunkte *gegen* die materielle Prüfungsbefugnis ergibt die systematisch-teleologische Interpretation:

a) Zwischen formeller und materieller Prüfungsbefugnis besteht ein qualitativer Unterschied derart, daß die Ausübung der letzteren Einflußnahme der ausführenden Gewalt auf die gesetzgebende (mit sogar „potentieller" Letztentscheidungsbefugnis) bedeuten kann, die erstere dagegen nicht. Das spricht — wie auch der Begriff der Ausfertigung im faktischen Sinne erkennen läßt — gegen die Bejahung der materiellen und unmittelbar für die der formellen Prüfungsbefugnis.

b) Die staatsrechtliche Stellung des Bundespräsidenten läßt klar erkennen, daß ihm jede Einflußnahme auf die gesetzgeberische Willensbildung — und damit auch die Ausübung der materiellen Prüfung — verwehrt sein soll. Er ist weder Hüter der Verfassung noch pouvoir neutre. Beide Aufgaben fallen ausschließlich dem Bundesverfassungsgericht zu.

c) Dem Bundespräsidenten fehlt letztlich die tatsächliche Prüfungsmöglichkeit. Er wäre als „Kontrollorgan" auf die Unterstützung von „zu kontrollierenden Organen" angewiesen. Auch das spricht gegen die die materielle Prüfungsbefugnis bejahende Lehre.

Eine Befugnis des Bundespräsidenten, ein ihm zur Ausfertigung vorliegendes Gesetz auf seine materielle Verfassungsmäßigkeit hin zu überprüfen und wegen Bedenken in dieser Richtung die Ausfertigung zu verweigern, kann daher — welche Interpretationsmethode man auch anwendet — aus Art. 82 GG nicht abgeleitet werden.

§ 9 Die Prüfungsbefugnis der gegenzeichnenden Regierungsmitglieder

An der Ausfertigung eines Bundesgesetzes ist — wegen der Gegenzeichnungsbedürftigkeit — nicht nur der Bundespräsident, sondern —

wie oben S. 32 ff. bereits ausgeführt — auch die Bundesregierung beteiligt[210].

In diesem Zusammenhang taucht daher ebenfalls die Frage auf, welche Prüfungsbefugnis den gegenzeichnenden Regierungsmitgliedern zusteht, wie weit sie also die Gegenzeichnung verweigern können, falls sie Bedenken hinsichtlich der Verfassungsmäßigkeit des zur Gegenzeichnung vorliegenden Gesetzesbeschlusses haben.

Auch hierüber sind die Meinungen geteilt. Ein Teil der Lehre bejaht — wie für den Bundespräsidenten — eine selbständige formelle und materielle Prüfungsbefugnis des Gegenzeichnenden[211]. Anderer Ansicht ist Hamann[212], der die selbständige Prüfungsbefugnis der Regierungsmitglieder verneint, da diese nicht — wie der Bundespräsident durch Art. 82 GG — in den weiteren Gang des Gesetzgebungsverfahrens über ihre sich aus Art. 76, 77 Abs. 2 GG ergebenden Befugnisse hinaus eingeschaltet seien und das Grundgesetz ein generelles „Veto-Recht" der Bundesregierung nicht kenne.

Diese Begründung leuchtet nicht ein, denn Art. 82 GG schaltet eben doch über das Erfordernis der Gegenzeichnung die Bundesregierung in das weitere Gesetzgebungsverfahren ein, zumal die Gegenzeichnung — obwohl das wegen Art. 58 GG nicht erforderlich gewesen wäre — sogar ausdrücklich in Art. 82 GG hervorgehoben ist[213]. Man kann darum an der Gegenzeichnung nicht einfach vorbeisehen und in ihr einen rein formellen Akt ohne jede Bedeutung erblicken. Wenn Hamann meint, das Grundgesetz kenne kein „Veto-Recht" der Bundesregierung, so ist diese von ihm nicht begründete These ungeeignet, eine Prüfungsbefugnis des oder der gegenzeichnenden Regierungsmitglieder von vornherein zu verneinen. Denn erst die Klärung der Frage, ob es eine Prüfungsbefugnis gibt oder nicht, gibt Auskunft über das Bestehen oder Nichtbestehen eines „Veto-Rechts" im Sinne Hamanns. Ganz abgesehen davon hat die Frage nach der Art der vor der Gegenzeichnung anzustellenden Prüfung überhaupt nichts mit einem „Veto-Recht" zu tun, denn es geht nicht darum, ob der Bundespräsident oder das gegenzeichnende Regierungsmitglied etwas „verbieten" kann, sondern ob eine Rechtsprüfung hinsichtlich der Verfassungsmäßigkeit des Gesetzesbeschlusses anzustellen ist.

Unklar und wenig befriedigend drückt sich auch Maunz in Maunz-Dürig zu dieser Frage aus[214]. Nach ihm soll die Nachprüfung durch die

---

[210] Das Erfordernis der Gegenzeichnung ergibt sich bereits aus Art. 58 GG, da die Ausfertigung ohne Zweifel eine Verfügung des Bundespräsidenten im Sinne dieser Vorschrift ist.
[211] Vgl. z. B. *Anders*, a.a.O., S. 658.
[212] a.a.O., Erl. 5 zu Art. 82.
[213] So auch *Anders*, a.a.O., S. 658.
[214] a.a.O., Rdnr. 3 zu Art. 82.

§ 9 Die Prüfungsbefugnis der gegenzeichnenden Regierungsmitglieder

die Gegenzeichnung vornehmenden Mitglieder der Bundesregierung selbständig neben der des Bundespräsidenten stehen und auch dann positiv ausfallen können, wenn der Bundespräsident zu einem negativen Ergebnis gelangt. Anders soll aber die Rechtslage dann sein, wenn der gegenzeichnende Minister zu einem negativen Ergebnis kommt oder sich aus sonstigen Gründen weigert gegenzuzeichnen, der Bundespräsident dagegen ausfertigen will. Dann müsse letzterer versuchen, ein anderes zuständiges Mitglied der Bundesregierung oder den Bundeskanzler für die Gegenzeichnung zu gewinnen oder einen Wechsel in der Zusammensetzung des Kabinetts eintreten zu lassen, weil es „unerträglich" sei, daß ein Bundesminister die Verkündung eines von Bundestag und Bundesrat beschlossenen Gesetzes durch den Bundespräsidenten, der es für verfassungsmäßig halte, verhindere. Es müsse — nach Maunz — für den sich weigernden Bundesminister eine selbstverständliche Pflicht sein zurückzutreten und es nicht darauf ankommen zu lassen, wie er aus seinem Amt zwangsweise entfernt werden kann.

Auch das wirft ein bezeichnendes Licht auf die ganze Unsicherheit der Lehre, welche die materielle Prüfungsbefugnis des Bundespräsidenten bejaht. Man überlege sich einmal folgendes:

Maunz gesteht dem Bundespräsidenten die formelle und materielle Prüfungsbefugnis zu, bejaht also eine Befugnis des Bundespräsidenten, das Inkrafttreten eines von Bundestag und Bundesrat beschlossenen Gesetzes zunächst zu verhindern. Das hält er nicht für unerträglich. Das Wesen der Gegenzeichnung erblickt er gleichzeitig darin, daß der Bundespräsident grundsätzlich Amtsakte nur vornehmen kann, wenn die dem Bundestag verantwortliche Bundesregierung seine Unterschrift billigt[215], sieht also offenbar eine vom Grundgesetz vorgesehene Bindung des Willens des Bundespräsidenten an den der Bundesregierung in dem Erfordernis der Gegenzeichnung. Bei der Ausfertigung hält er es aber für unerträglich, wenn derjenige, der insoweit in seinem Willen ungebunden ist (der Minister), sich dem in seinem Willen Gebundenen (dem Bundespräsidenten) gegenüber durchzusetzen befugt sein soll.

Hier zeigt sich ganz deutlich die kuriose Widersprüchlichkeit dieser Lehre: Man billigt die Möglichkeit, daß der Bundespräsident das Inkrafttreten eines (formell verfassungsmäßig) von Bundesrat und Bundestag beschlossenen Gesetzes verhindert. Derjenige jedoch, der für diesen Akt die Verantwortung vor dem Bundestag übernimmt, nämlich der zuständige Minister, soll nicht die Befugnis haben, das Inkrafttreten dieses von ihm für verfassungswidrig gehaltenen Gesetzes zu verhindern. Maunz spürt offenbar (und mit Recht), daß es nach dem Grundgesetz nicht zulässig sein kann, daß die Bundesregierung unmittelbar Einfluß nimmt

---

[215] a.a.O., Rdnr. 1 zu Art. 58.

auf Willensäußerungen der Gesetzgebungsorgane, will aber nicht eingestehen, daß dieser Grundsatz für den Bundespräsidenten genauso gelten muß und auch gilt.

Das Problem löst sich leicht, wenn man dem Bundespräsidenten (und auch der Bundesregierung, wie noch zu zeigen sein wird) die materielle Prüfungsbefugnis versagt, denn dann wird das Inkrafttreten eines Gesetzes nur verhindert, wenn überhaupt kein verfassungsmäßiger Gesetzgebungswille geäußert worden ist. Das ist aber weder im Hinblick auf den Bundespräsidenten noch auf die Bundesregierung unerträglich.

Die beiden angeführten Meinungen haben gezeigt, daß es Stimmen gibt, die — jedenfalls in der Konsequenz — eine Prüfungsbefugnis der gegenzeichnenden Kabinettsmitglieder mit der Folge, die Gegenzeichnung gegebenenfalls verweigern zu dürfen, verneinen. Andere argumentieren umgekehrt. So meint Laforet, die Bundesregierung übernehme die Verantwortung dafür, daß ein Bundesgesetz sachlich nicht dem Grundgesetz widerspreche, so daß nur ihr und nicht auch dem Bundespräsidenten die materielle Prüfungsbefugnis zustehe[216].

Noch weiter geht Carlo Schmid mit seiner Ansicht, weder der Bundespräsident noch die Bundesregierung hätten das „Recht", wegen materieller verfassungsrechtlicher Bedenken die Ausfertigung eines entsprechend den Vorschriften des Grundgesetzes über den Gang der Gesetzgebung zustandegekommenen Gesetzes abzulehnen[217].

Zu lösen ist die Problematik nur aus dem Wesen des verfassungsrechtlich vorgesehenen Erfordernisses der Gegenzeichnung der Präsidialakte.

Gem. Art. 58 Satz 1 GG bedürfen sämtliche Anordnungen und Verfügungen des Bundespräsidenten zu ihrer Gültigkeit der Gegenzeichnung durch den Bundeskanzler oder durch den zuständigen Bundesminister.

Das Grundgesetz hat mit dieser Vorschrift eine alte verfassungsrechtliche Tradition fortgesetzt[218]. Gegenüber älteren Formulierungen hat es lediglich hinsichtlich der gegenzeichnungsfreien Akte Klarheit geschaffen, ohne das Wesen oder den Umfang der Gegenzeichnungspflicht zu verändern.

Im formellen Sinne bedeutet der Begriff der Gegenzeichnung die Beglaubigung und Legitimierung der Unterschrift eines anderen durch den Gegenzeichnenden[219]. Im materiellen Sinne beinhaltet er darüber hinaus eine Willensäußerung, die sich auf mehr als nur formales Beglaubigen und Legitimieren eines faktischen Vorganges bezieht[220]. Insoweit hat die

---

[216] a.a.O., S. 54 ff.
[217] Vgl. oben Fn. 38.
[218] Vgl. hierzu *Menzel* in BK, Erl. II 1 zu Art. 58.
[219] *von Mangoldt-Klein*, a.a.O., Anm. III 1 zu Art. 58.
[220] Vgl. Fn. 219.

§ 9 Die Prüfungsbefugnis der gegenzeichnenden Regierungsmitglieder 93

Gegenzeichnung zwei unterschiedliche, allerdings voneinander abhängende Wesensmerkmale: Das Billigen des *Willens eines anderen* (des Bundespräsidenten), und das Begründen der politischen (parlamentarischen) Verantwortlichkeit des (der) Gegenzeichnenden für diesen Willen und die auf ihn zurückführenden Maßnahmen des anderen (Bundespräsidenten)[220]. Durch die Gegenzeichnung erklären die Gegenzeichnenden also, daß sie den in der Anordnung oder Verfügung des Bundespräsidenten zum Ausdruck gebrachten Willen des Bundespräsidenten billigen. Diese Erklärung begründet die parlamentarische Verantwortlichkeit des Gegenzeichnenden. Mit Seiffert-Geeb[221] kann man also sagen, daß die Gegenzeichnung die „formell bezeugte ministerielle Billigung präsidialer Willensäußerungen" ist, die ihrerseits nicht nur *bezeugt*, sondern gleichzeitig die Verantwortlichket des Gegenzeichnenden *erzeugt*[222]. Durch seine Unterschrift *identifiziert* der Gegenzeichnende demnach seinen Willen mit dem des Bundespräsidenten.

Die Konsequenz für die bei der Gegenzeichnung anzustellende Prüfung liegt damit auf der Hand: Wenn die in der Gegenzeichnung liegende Erklärung Willensidentität zwischen Bundespräsident und Gegenzeichnendem bezeugt, so müssen auch die Willensbildungsprozesse, die zu dieser Willensbildung führen, identisch sein. Das heißt, die von Bundespräsident und Bundeskanzler bzw. Bundesminister anzustellenden Prüfungen müssen hinsichtlich ihres Umfanges identisch sein, denn nur auf diese Weise kann die verlangte Willensidentität erreicht werden.

Diese Überlegung führt zu dem Ergebnis, daß der Umfang der Prüfungsbefugnis des Gegenzeichnenden genau derselbe sein muß wie der des Bundespräsidenten[223].

Danach haben die gegenzeichnenden Regierungsmitglieder — bevor sie gegenzeichnen — die formelle Prüfung anzustellen, ob bei Schaffung des ihnen vorliegenden Gesetzesbeschlusses der vom Grundgesetz vorgeschriebene Gesetzgebungsweg eingehalten worden ist oder nicht.

Auszugehen ist daher von der formellen Prüfungsbefugnis auch der gegenzeichnenden Regierungsmitglieder.

Nach diesem Ergebnis muß man noch einmal zurückblicken auf die von Maunz (in Maunz-Dürig) und Hamann geäußerten Ansichten. Sie bejahen eine formelle und materielle Prüfungsbefugnis des Bundespräsidenten, verneinen dagegen — jedenfalls im Ergebnis — eine solche der gegenzeichnenden Regierungsmitglieder. Da man nun wohl kaum an der funktionellen Abhängigkeit der beiden Prüfungsbefugnisse vorbeigehen

---

[221] Vgl. *Seiffert-Geeb* in Bundesrecht, Abs. 2 der Erl. zu Art. 58, S. 140.
[222] *von Mangoldt-Klein*, a.a.O., Anm. VI 2 a zu Art. 58.
[223] So ist auch wohl *Anders*, a.a.O., S. 658, zu verstehen, der von der Gegenzeichnung als einer abhängigen Funktion spricht und meint, daß — wenn dem Bundespräsidenten keine Prüfungsbefugnis zustehe — auch die gegenzeichnenden Mitglieder der Bundesregierung zur Prüfung nicht befugt seien.

kann, müßte ihre die Prüfungsbefugnis der Bundesregierung verneinende Ansicht umgekehrt auch die Verneinung der Prüfungsbefugnis des Bundespräsidenten zur Folge haben. Dieser Widerspruch macht ebenfalls die Unhaltbarkeit ihrer die materielle Prüfungsbefugnis bejahenden Lehre deutlich.

§ 10 Die Pflicht zur Prüfung

Der Bundespräsident ist also — ebenso wie das gegenzeichnende Regierungsmitglied — befugt, das ihm zur Ausfertigung vorliegende Gesetz auf seine formelle Verfassungsmäßigkeit hin zu überprüfen, das heißt, zu untersuchen, ob die Gesetzgebungsorgane die vom Grundgesetz aufgestellten Verfahrensvorschriften eingehalten haben oder nicht.

Auf die Frage, ob er zur Anstellung dieser Prüfung auch *verpflichtet* ist, geht ein großer Teil der Lehre überhaupt nicht ein[224], ein anderer bejaht sie, — wohl weil man eine Verpflichtung für selbstverständlich hält — ohne eine nähere Begründung zu geben[225]. Die Frage bedarf aber schon deswegen einer Erörterung, weil ein bedeutender Staatsrechtslehrer eine Verpflichtung des Bundespräsidenten zur Nachprüfung verneint[226]. Scheuner bejaht die formelle und materielle Prüfungsbefugnis, hält den Bundespräsidenten jedoch zur Anstellung dieser Prüfung für nicht verpflichtet, weil er „im übrigen der Entwicklung nach Art. 93 und 100 GG freien Lauf lassen kann und soll". Nur bei „offenkundigen" Verstößen gegen das Verfahren oder den Inhalt der Verfassung bejaht Scheuner eine Prüfungspflicht.

Es wurde in dieser Schrift bisher nie von einem „Prüfungs*recht*" des Bundespräsidenten gesprochen, obwohl das in der Literatur der gängige Begriff ist, sondern zunächst nur der — zwar farblose aber neutrale — Begriff der Prüfungs*befugnis*" gewählt. Es ist nämlich unscharf, im Zusammenhang mit der Prüfungsbefugnis des Bundespräsidenten bei der Ausfertigung ausschließlich von einem „Prüfungsrecht" zu sprechen.

Der Bundespräsident ist Staatsorgan. Davon ist scharf die Person zu trennen, die das *Amt bekleidet* und dadurch das Organ trägt[227]. Als *Organ* hat der Bundespräsident kein eigenes Recht bzw. eine diesem Recht entsprechende Pflicht, sondern lediglich staatliche Zuständigkeiten. Daher können diese Zuständigkeiten kein *Recht* der das Organ tragenden

---

[224] Etwa *Maunz-Dürig* und *Herrfahrdt* in BK.
[225] z. B. *Schäfer*, a.a.O., S. 436.
[226] *Scheuner*, a.a.O., S. 298; bejahend hierzu *Kimminich*, a.a.O., S. 85, weil er das ganze Problem der Prüfungsbefugnis in erster Linie unter dem Aspekt der „Verpflichtung zur Ausfertigung" sieht.
[227] G. *Jellinek*, Staatslehre, S. 559.

§ 10 Die Pflicht zur Prüfung

Persönlichkeit sein[228]. Richtig muß man daher — wenn man den neutralen Begriff der Befugnis nicht gebrauchen will — von einer *Prüfungszuständigkeit* des Bundespräsidenten sprechen. Geht man von diesem Begriff aus, ist die Frage, ob er zur Prüfung auch verpflichtet ist, ohne Schwierigkeiten zu beantworten.

Im Organisationsrecht bedeutet „Zuständigkeit" in der Regel und — auch für den Fall des Bundespräsidenten — *Wahrnehmungszuständigkeit*, nämlich „die Zuständigkeit zur Wahrnehmung der einem anderen Subjekt (dem vertretenen) zugehörenden Berechtigungen und Verpflichtungen[229]. Nach der Art ihrer Subjekte können diese Wahrnehmungszuständigkeiten erstens personell sein, indem bestimmte natürliche oder juristische Personen als ihr Subjekt, und zweitens, institutionell sein, indem durch Rechtssätze oder Verwaltungsanordnungen gebildete, künstliche (juristische) Subjekte (als Organe) zum Subjekt der Zuständigkeiten bestellt werden[230].

Beim Bundespräsidenten handelt es sich um den Fall einer institutionellen Wahrnehmungszuständigkeit.

Die Bestimmung der Wahrnehmungszuständigkeiten enthält nun zwei Momente: Die Art der dem Subjekt zustehenden Tätigkeit (sachliche Zuständigkeit) und die Abgrenzung des örtlichen Bereichs, in dem diese Tätigkeit ausgeübt werden soll (örtliche Zuständigkeit). Von Interesse ist hier lediglich die sachliche Zuständigkeit. Darunter ist die *Verpflichtung* und *Berechtigung*, dem Gegenstande nach bestimmte Angelegenheiten in gewissen Arten, Weisen und Formen wahrzunehmen[231], zu verstehen.

Aus dieser Begriffsbestimmung geht hervor, daß, da es sich bei der Nachprüfung der formellen Gesetzmäßigkeit um eine vom Grundgesetz dem Bundespräsidenten auferlegte Wahrnehmungszuständigkeit handelt, dieser zur Nachprüfung nicht nur berechtigt, sondern auch verpflichtet ist, denn im öffentlichen Recht steht die Verwirklichung der Wahrnehmungszuständigkeiten nicht im Belieben der dazu berufenen Subjekte. Der Sinn der organisatorischen Zuständigkeitsverteilung liegt gerade darin, eindeutige Verantwortlichkeiten zu begründen. Darum ist die Wahrnehmungszuständigkeit nicht nur Inhalt einer *Ermächtigung*, sondern auch einer *Verpflichtung* des zuständigen Subjekts[232]. Die in den

---

[228] G. *Jellinek*, Staatslehre, S. 561; und nur in diesem Sinne sind Art. 93 Abs. 1 Satz 1 GG und § 64 BVerfGG zu verstehen, wenn in ihnen von „Rechten und Pflichten" des Antragstellers oder des Organs, dem er angehört, gesprochen wird.
[229] *Wolff*, a.a.O., Bd. 2, S. 10.
[230] Es wird hier der Organisationslehre Hans J. Wolffs gefolgt.
[231] Das, *was* danach zusteht, der Gegenstand der zustehenden Wahrnehmungsverpflichtungen und -berechtigungen, also das wahrzunehmende Geschäft, ist die *Kompetenz*; vgl. *Wolff*, a.a.O., Bd. 2, S. 12.

Organzuständigkeiten liegenden „Rechte" sind also — um mit G. Jellinek[233] zu sprechen — „in Wahrheit nur *berechtigende Pflichten*". Das heißt nichts anderes, als daß die „Pflicht" *vor* dem „Recht" steht und daß es nur, weil eine Amtspflicht besteht, zur Realisierung dieser Pflicht auch Rechte gibt[234]. Nach all dem kann es — entgegen der Ansicht Scheuners — keinen Zweifel geben, daß der Bundespräsident zur Nachprüfung der formellen Verfassungsmäßigkeit nicht nur „berechtigt", sondern auch (und sogar primär) „verpflichtet" ist[235].

Eine ganz andere Frage ist es, welche Anforderungen man an die Prüfungszuständigkeit stellen soll.

C. Arndt[236] weist in diesem Zusammenhang zutreffend darauf hin, daß man keine zu hohen Anforderungen stellen sollte, denn der Grundsatz, daß Rechte und Pflichten eines Bundesorgans nur so interpretiert werden dürfen, daß ihre sinnvolle Ausübung auch gewährleistet ist, gilt gerade im Bereiche des Verfassungsrechts[237]. Man sollte die Prüfungspflicht also nicht so weit ausdehnen und verlangen, daß der Bundespräsident nun von amtswegen nach verfassungsrechtlichen Bedenken geradezu forschen müßte[238]. Sind aber z. B. von seiten des Bundestages oder des Bundesrates ernstzunehmende Bedenken gegen die formelle Verfassungsmäßigkeit aufgetaucht, so hat er sich hiermit auseinanderzusetzen.

Was zur Prüfungspflicht des Bundespräsidenten gesagt wurde, gilt naturgemäß auch für das gegenzeichnende Regierungsmitglied. Auch der Minister ist — wie der Bundespräsident — zur Prüfung verpflichtet, denn auch er ist Organ, und die vom Grundgesetz verlangte Prüfung bei der Gegenzeichnung fällt in seine Wahrnehmungszuständigkeit.

Zusammenfassung

Nach all dem steht auch der Begriff der Ausfertigung im materiellen Sinne fest:

Sie bedeutet insoweit einmal die Erklärung des Bundespräsidenten — und des oder der Gegenzeichnenden —, daß der Text der Gesetzesurkunde wörtlich mit dem von den gesetzgebenden Körperschaften beschlossenen Text übereinstimmt, darüber hinaus, daß das Gesetz formell

---

[232] *Wolff*, a.a.O., Bd. 2, S. 17.
[233] Staatslehre, S. 565.
[234] Das folgt im übrigen auch aus Art. 20 Abs. 3 GG; vgl. hierzu die umfassende Darstellung bei *Wolff*, a.a.O., Bd. 1, S. 133 ff.
[235] So auch *Anders*, a.a.O., S. 657; *C. Arndt*, a.a.O., S. 607; *Schäfer*, a.a.O., S. 436.
[236] a.a.O., S. 607.
[237] Vgl. dazu auch *Bachof*, a.a.O., S. 594 für die Prüfungspflicht des Parlaments.
[238] *Anders*, a.a.O., S. 657.

verfassungsmäßig zustandegekommen ist, das heißt, daß bei seiner Erschaffung das vom Grundgesetz vorgeschriebene Verfahren eingehalten worden ist.

In Verbindung mit dem Begriff der Ausfertigung im formellen Sinne bietet sich demnach folgende Definition an: Ausfertigung ist die Wahrnehmbarmachung des Willens des Gesetzgebers durch Herstellung der Gesetzesurkunde, in der gleichzeitig die Übereinstimmung des Urkundentextes mit dem von den gesetzgebenden Körperschaften beschlossenen Text sowie das formell verfassungsmäßige Zustandekommen des Gesetzes bescheinigt wird.

Dritter Teil

Die Pflicht zur Ausfertigung und zur Gegenzeichnung

§ 11 Die Verweigerung der Ausfertigung durch den Bundespräsidenten

Nach den obigen Ausführungen steht auch fest, daß der Bundespräsident, falls er einen ihm zur Ausfertigung liegenden Gesetzesbeschluß für formell grundgesetzwidrig hält, die Ausfertigung zu unterlassen nicht nur berechtigt, sondern auch verpflichtet ist. Schon G. Jellinek weist in diesem Zusammenhang darauf hin, daß „die wichtigste praktische Konsequenz der Constatirung der Authenticität des Gesetzes in den Staaten, in denen Sanktionirender und Promulgirender nicht identisch sind, in der *Rechtspflicht* des Promulgirenden besteht, die Ausfertigung des von ihm nicht als verfassungsmäßig zu Stande gekommenes Gesetz Erkannten zu verweigern"[1]. Die Rechtspflicht, das Inkrafttreten eines „Gesetzes", das nicht von dem vom Grundgesetz vorgeschriebenen Gesetzgebungsapparat geschaffen worden ist, zu verhindern — also gar nicht *Gesetz* ist — ist und bleibt eine wichtige praktische Aufgabe des Staatsoberhauptes. Hier setzt er sich mit seiner Meinung — dem Wesen seines Amtes entsprechend — nicht in Gegensatz zum verfassungsmäßigen Gesetzgeber, sondern stellt lediglich fest, daß ein solcher bei Erschaffung des „Gesetzes" gar nicht vorhanden gewesen ist. Anders ist es im Falle der materiellen Prüfungsbefugnis, in dem er die Ausfertigung auch verweigern dürfte, wenn der in dem Gesetz zum Ausdruck kommende Wille vom verfassungsmäßigen Gesetzgeber geäußert worden wäre. Da ihm eine solche Befugnis nicht zusteht, darf er daher die Ausfertigung mit dem Hinweis auf materielle Grundgesetzwidrigkeit nicht verweigern[2].

In jedem Falle der Weigerung hat der Bundespräsident diese Tatsache den für die Gesetzgebung zuständigen Organen mitzuteilen[3]. Da die Mitteilung keine Anordnung und Verfügung im Sinne des Art. 58 GG ist, bedarf sie nicht der Gegenzeichnung[3].

---

[1] Gesetz, S. 324.
[2] Anders *Kimminich*, a.a.O., S. 84.
[3] *Anders*, a.a.O., S. 658.

§ 11 Die Verweigerung der Ausfertigung durch den Bundespräsidenten

Sind Bundestag und Bundesrat oder nur das eine oder andere Organ anderer Meinung (was in der Regel der Fall sein dürfte, weil das Gesetz ja beschlossen worden ist), so läge eine „Streitigkeit über die Auslegung des Grundgesetzes über den Umfang der Rechte und Pflichten eines obersten Bundesorgans" im Sinne des Art. 93 Abs. 1 Nr. 1 GG und § 13 Abs. 1 Nr. 5 BVerfGG vor, über die die gem. § 63 BVerfGG antragsberechtigten Organe eine Entscheidung des Bundesverfassungsgerichts herbeiführen können[4].

Das Bundesverfassungsgericht, das in dieser Klage über die „Verpflichtung des Bundespräsidenten", das betreffende Gesetz auszufertigen, zu entscheiden hat, hat im Falle der Verweigerung aus formellen Gründen als Vorfrage zu prüfen, ob das Gesetz formell verfassungsmäßig zustandegekommen ist. Das folgt aus §§ 63 ff. BVerfGG, die man als eine richtige Interpretation des Art. 93 Abs. 1 Nr. 1 GG ansehen muß[5].

Nur in dem Fall, in dem der Bundespräsident die Ausfertigung aus materiellen Gründen verweigern würde, könnte und müßte das Bundesverfassungsgericht die Frage der materiellen Verfassungsmäßigkeit im Rahmen einer Entscheidung gem. Art. 93 Abs. 1 Nr. 1 GG, §§ 13 Abs. 1 Nr. 5 und 63 BVerfGG dahingestellt sein lassen. Gegenstand der Entscheidung nach Art. 93 Abs. 1 Nr. 1 GG ist ausschließlich die Frage, ob der Bundespräsident auszufertigen hat oder nicht. Das muß er aber, wenn das Gesetz formell verfassungsmäßig zustandegekommen ist. Das Bundesverfassungsgericht könnte also nicht etwa die materielle Grundgesetzwidrigkeit des Gesetzesbeschlusses von sich aus feststellen und das Inkrafttreten des Gesetzes verhindern.

Im Rahmen einer Entscheidung gem. Art. 93 Abs. 1 Nr. 1 GG kann das Bundesverfassungsgericht also niemals im Zusammenhang mit der Ausfertigung darüber entscheiden, ob ein Gesetzesbeschluß materiell dem Grundgesetz widerspricht. Es kann immer nur die Frage beantworten, ob der Bundespräsident ausfertigen muß oder nicht. Die Prüfung hat also entsprechend dem Rahmen der Prüfungsbefugnis des Bundespräsidenten zu erfolgen und darf keineswegs darüber hinausgehen. Wegen formeller Verfassungswidrigkeit kann das Bundesverfassungsgericht die Verweigerung der Ausfertigung für berechtigt erklären, niemals aber wegen materieller Verfassungswidrigkeit, ob der Bundespräsident selbst auf sie hinweist oder das Bundesverfassungsgericht selbst zu dieser Überzeugung gelangt. Im letzteren Falle bleiben die übrigen Verfahren, die zur Nichtigerklärung eines Gesetzes wegen Verfassungswidrigkeit führen können.

---

[4] *Anders*, a.a.O., S. 659; C. *Arndt*, a.a.O., S. 606; vgl. auch BVerfGE Bd. 2, S. 143 ff. (155 ff.).
[5] Vgl. hierzu BVerfGE Bd. 1, S. 208 ff.; C. *Arndt*, a.a.O., S. 606.

Im Zusammenhang mit der Verpflichtung des Bundespräsidenten zur Ausfertigung bleibt dann letztlich noch die Frage, was geschieht, wenn — trotz einer positiven Feststellung des Bundesverfassungsgerichts — der Bundespräsident sich dennoch weigern würde, das Gesetz auszufertigen. Das Grundgesetz kennt keine Vorschrift, die etwas darüber aussagt, in welcher Weise ein Gesetz zur Ausfertigung und Verkündung gebracht werden kann, wenn der Bundespräsident sich entgegen einer Entscheidung des Bundesverfassungsgerichts weigert[6]. In diesem Falle läge aber eine vorsätzliche Verletzung des Grundgesetzes vor, die zur Anklage des Bundespräsidenten gem. Art. 61 Abs. 1 GG führen kann[6].

§ 12 Die Verweigerung der Gegenzeichnung

Nach den oben auf S. 93 ff. getroffenen Feststellungen ist auch das gegenzeichnende Regierungsmitglied befugt, die Gegenzeichnung zu verweigern, wenn es bei seiner Prüfung zu der Ansicht gelangt, daß formelle Verfassungswidrigkeit besteht[7].

In der Weimarer Zeit hatte das — wie oben schon angedeutet — zu der Praxis geführt, daß der gegenzeichnende Minister bzw. der Reichskanzler das betreffende Gesetz dem Reichspräsidenten erst gar nicht vorlegte und so die Regierung das Inkrafttreten des Gesetzes schon von sich aus verhinderte, ohne daß überhaupt eine Entscheidung des Reichspräsidenten herbeigeführt wurde.

Ein solches Vorgehen wäre heute unzulässig. Das folgt aus der Abhängigkeit der Prüfungsbefugnisse von Bundespräsident und Bundesregierung. Wenn das Grundgesetz in Art. 82 GG die Prüfung des Gesetzesbeschlusses auf seine formelle Verfassungsmäßigkeit durch den Bundespräsidenten verlangt, so muß dieser in jedem Falle auch in der Lage sein, diese Prüfung anzustellen und selbst zu entscheiden, ob der Gesetzesbeschluß ausgefertigt werden soll oder nicht[8]. Anders weist in diesem Zusammenhang zutreffend darauf hin, daß es nicht etwa einer Entscheidung des Bundespräsidenten deswegen nicht bedürfe, weil für einen Antrag auf verfassungsrechtliche Nachprüfung nach Art. 93 Abs. 1 Nr. 1 GG die Verweigerung der Gegenzeichnung genüge. Die Gegenzeichnung ist ein unselbständiger Akt, der nicht für sich Gegenstand eines Verfassungsstreites sein kann. Schon der Begriff zeigt, daß die Gegenzeichnung nur dann „rechtliche Existenz" erlangen kann, wenn der „gegenzuzeichnende" Akt auch tatsächlich vorgenommen wird. Daß die

---

[6] *Herrfahrdt* in BK, Erl. II 1 zu Art. 82.
[7] So auch *Anders*, a.a.O., S. 658 (allerdings auch für die materielle Grundgesetzwidrigkeit); a. A. offenbar *Maunz-Dürig*, a.a.O., Rdnr. 3 zu Art. 82; *Hamann*, a.a.O., Erl. 5 zu Art. 82.
[8] *Anders*, a.a.O., S. 658.

Gegenzeichnung — in diesem Zusammenhang rein verfahrensmäßig — auf Grund der Geschäftsordnung des Bundestages vor der Ausfertigung erfolgt, hat keine Bedeutung.

Der oder die Minister oder auch der Bundeskanzler, die die Gegenzeichnung aus *formellen* Bedenken verweigern, haben daher den nicht gegengezeichneten Gesetzesbeschluß — gegebenenfalls unter Darlegung der Gründe — dem Bundespräsidenten vorzulegen[9].

Ganz gleich wie die Entscheidung des Bundespräsidenten in diesem Falle aussehen würde, könnte es dann wieder zu einem Verfahren gem. Art. 93 Abs. 1 Nr. 1 GG kommen.

---

[9] *Anders*, a.a.O., S. 658.

Literaturverzeichnis

Abraham, Bühler u. a.: Kommentar zum Bonner Grundgesetz (Bonner Kommentar), Hamburg 1950 ff., Zweitbearbeitung 1964 ff. (zitiert: Verfasser in BK).

Albert, Ernst: Materielle Prüfungsbefugnis des Bundespräsidenten, Diss. Erlangen 1956.

Anders, Georg: Zum Prüfungsrecht des Bundespräsidenten, in DÖV 1963, S. 653 ff.

Anschütz, Gerhard: Buchbesprechung, in VA Bd. 30 (1925), S. 342 ff.

— Die Verfassung des Deutschen Reichs vom 11. August 1919. Ein Kommentar für Wissenschaft und Praxis. Nachdruck der 14. Aufl. Berlin 1933, Bad Homburg vor der Höhe 1965.

Anschütz, Gerhard — *Thoma,* Richard (Hrsg.): Handbuch des Deutschen Staatsrechts, Tübingen, 2 Bände, 1930 u. 1932 (zitiert: Verfasser in HdbDStR I bzw. II).

Apelt, Willibalt: Geschichte der Weimarer Verfassung, 2. Aufl., München und Berlin 1964.

Arndt, Adolf: Das Bundesverfassungsgericht, in DVBl. 1951, S. 297 ff.

Arndt, Claus: Das Prüfungsrecht des Bundespräsidenten, in DÖV 1958, S. 604 ff.

Bachof, Otto: Verfassungswidrige Verfassungsnormen?, Tübingen 1951 (zitiert: Verfassungsnormen).

— Zur Bedeutung des Entschädigungs-Junctims in Enteignungsgesetzen, in DÖV 1954, S. 592 ff.

Böckenförde, Ernst-Wolfgang: Gesetz und gesetzgebende Gewalt. Von den Anfängen der deutschen Staatsrechtslehre bis zur Höhe des staatsrechtlichen Positivismus, Berlin 1958.

Brusewitz, Axel: Typologische Verfassungsstudien, Königsberg 1930.

Constant (de Rebecque), Benjamin: Cours de Politique Constitutionelle, Edition M. Edouard Laboulaye, Paris 1861.

Das Deutsche Bundesrecht. Sammlung der Gesetze und Verordnungen der Deutschen Bundesrepublik mit Erläuterungen und einem Überblick über das Landesrecht, Baden-Baden und Frankfurt/Main 1949 ff. (zitiert: Verfasser in Bundesrecht).

Dreher, Eduard: Das parlamentarische System des Bonner Grundgesetzes im Vergleich zur Weimarer Verfassung, in NJW 1950, S. 130 ff.

Ernst, Rudolf: Die Ausfertigung und Verkündung der Reichsgesetze, Diss. Breslau 1928.

Eschenburg, Theodor: Die Richtlinien der Politik im Verfassungsrecht und in der Verfassungswirklichkeit, in DÖV 1954, S. 193 ff. (zitiert: Richtlinien).
— Staat und Gesellschaft in Deutschland, München 1963.

Friesenhahn, Ernst: Zum Prüfungsrecht des Bundespräsidenten, in: Die moderne Demokratie und ihr Recht, Festschrift für Gerhard Leibholz, 2. Band, Tübingen 1966, S. 679 ff.
Fromme, Friedrich Karl: Von der Weimarer Verfassung zum Bonner Grundgesetz, Tübingen 1960.
Frormann, Walter: Die Beteiligung des Kaisers an der Gesetzgebung, in AöR, Bd. 14 (A. F.), S. 31 ff.

Geiger, Willi: Einige Probleme der Bundesverfassungsgerichtsbarkeit, in DÖV 1952, S. 481 ff.
Giese, Friedrich — *Schunck*, Egon: Grundgesetz für die Bundesrepublik Deutschland, erl. von Giese, 6. Aufl. neubearbeitet von Schunck, Frankfurt/Main 1962.
Grau, Richard: Zum Gesetzentwurf über die Prüfung der Verfassungsmäßigkeit von Reichsgesetzen und Reichsverordnungen, in AöR, Bd. 11 (N. F.), S. 287 ff.
Grauhan, Rolf-Richard: Gibt es in der Bundesrepublik einen „pouvoir neutre"?, Diss. Heidelberg 1959.
Guntermann, Willi: Die Stellung des Bundespräsidenten in der Gesetzgebung, Diss. Marburg 1954.

Hall, Karl-Heinz: Überlegungen zur Prüfungskompetenz des Bundespräsidenten, in JZ 1965, S. 305 ff.
Hallier, Hans Joachim: Die Ausfertigung und Verkündung von Gesetzen und Verordnungen in der Bundesrepublik Deutschland, in AöR, Bd. 85 (Bd. 46 N. F.), S. 391 ff.
Hamann, Andreas: Das Grundgesetz für die Bundesrepublik Deutschland vom 23. Mai 1949. Ein Kommentar für Wissenschaft und Praxis, 2. Aufl., Neuwied - Berlin 1961.
Hatschek, Julius: Deutsches und Preußisches Staatsrecht, 2. Aufl., Berlin 1930.

Jacobi, Erwin: Reichsverfassungsänderung, in: Die Reichsgerichtspraxis im deutschen Rechtsleben I 1929, S. 233 ff.
Janssen, Friedrich-Wilhelm: Der Bundespräsident — Seine Rechte und Pflichten nach dem Bonner Grundgesetz vom 23. Mai 1949, Diss. Köln 1951.
Jellinek, Georg: Gesetz und Verordnung. Staatsrechtliche Untersuchungen auf rechtsgeschichtlicher und rechtsvergleichender Grundlage. Neudruck der Ausgabe Freiburg 1887, Aalen 1964 (zitiert: Gesetz).
— Allgemeine Staatslehre, 3. Aufl., Berlin 1914 (zitiert: Staatslehre).
Jellinek, Walter: Kabinettsfrage und Gesetzgebungsnotstand nach dem Bonner Grundgesetz, in DÖV 1949, S. 381 ff.

Kern, Ernst: Probleme der Rechtsprechung des Bundesverfassungsgerichts zur Verfassungsmäßigkeit des Gesetzes gemäß Artikel 131 GG, in DVBl. 1954, S. 273 ff.

Kimminich, Otto: Das Staatsoberhaupt in der parlamentarischen Demokratie, in: Veröffentlichungen der Vereinigung der Deutschen Staatsrechtlehrer, Heft 25, Berlin 1967, S. 2 ff.

Krüger, Herbert: Verfassungsänderung und Verfassungsauslegung, in DÖV 1961, S. 721 ff.

Külz: Die Prüfung der Verfassungsmäßigkeit von Vorschriften des Reichsrechts, in DJZ 1926, S. 837 ff.

Küppers, Helmut: Das Prüfungsrecht des Bundespräsidenten gegenüber Gesetzen, Diss. Mainz 1953.

Laband, Paul: Das Staatsrecht des Deutschen Reiches, 5. Aufl., Tübingen 1911, B. II.

Laforet, Wilhelm: Die Scheidung der Gewalten nach dem Bonner Grundgesetz in: Gegenwartsprobleme des Rechts, Heft 1 (N. F.), Veröffentlichungen der Görres-Gesellschaft zur Pflege der Wissenschaft, Sektion für Rechts- und Staatswissenschaft, Paderborn 1950, S. 53 ff.

Leibholz, Gerhard: Der Status des Bundesverfassungsgerichts, in: Das Bundesverfassungsgericht, hrsg. vom Bundesverfassungsgericht, Karlsruhe 1963.

Liebenow, Wilhelm: Die Promulgation, Diss. Greifswald 1901.

Lindlar, Bruno: Ausfertigung und Verkündung von Gesetzen durch den Bundespräsidenten, Diss. Köln 1951.

von Liszt, Franz — *Fleischmann,* Max: Das Völkerrecht, 12. Aufl., Berlin 1925.

Mallmann, Walter: Die Sanktion im Gesetzgebungsverfahren, Emsdetten 1938.

von Mangoldt, Hermann: Das Verhältnis von Staatschef und Regierung, in: Beiträge zum öffentlichen Recht, hrsg. von Ernst Wolff, Berlin und Tübingen 1950, S. 62 ff.

von Mangoldt, Hermann — *Klein,* Friedrich: Das Bonner Grundgesetz, 2. Aufl., Bd. I, Berlin und Frankfurt 1957, Bd. II 1964.

Maunz, Theodor: Deutsches Staatsrecht, 13. Aufl., München und Berlin 1964.

Maunz, Theodor — *Dürig,* Günter: Grundgesetz, Kommentar, 2. Aufl., München und Berlin 1964.

Meyer, Georg: Der Antheil der Reichsorgane an der Gesetzgebung, in: Festgabe für Rudolf von Gneist zum 50jährigen Doktorjubiläum, dargebracht von der juristischen Fakultät der Universität Jena, 1888, S. 1 ff.

— Lehrbuch des Deutschen Staatsrechts, 4. Aufl., Leipzig 1895 (zitiert: Staatsrecht).

Meyer, Georg — *Anschütz,* Gerhard: Lehrbuch des Deutschen Staatsrechts (G. Meyers Lehrbuch in 7. Aufl. bearbeitet von Anschütz), München und Leipzig 1919.

Moser, Johann Jacob: Grund-Riß der heutigen Staats-Verfassung des Teutschen Reichs. Zum Gebrauch Academischer Lectionen, Tübingen 1745.

Müller, Gebhard: Ansprache bei der Amtseinführung am 13. 2. 1959, in: Das Bundesverfassungsgericht, hrsg. vom Bundesverfassungsgericht, Karlsruhe 1963.

Müller, Hanswerner: Handbuch der Gesetzgebungstechnik, Köln, Berlin, Bonn, München 1963.

Münch, Fritz: Die Bundesregierung, Frankfurt/Main und Berlin 1954.

von Münch, Ingo: Der Schutz der Grundrechte durch staatliche Stellen im nationalen Bereich, in JUS 1965, S. 417 ff.

Nawiasky, Hans: Die Grundgedanken des Grundgesetzes für die Bundesrepublik Deutschland. Systematische Darstellung und kritische Würdigung, Stuttgart und Köln 1950.

Ossenbühl, Fritz: Probleme und Wege der Verfassungsauslegung, in DÖV 1965, S. 649 ff.

Peters, Hans: „Der Bundespräsident hat das Recht ...", in Kölnische Rundschau vom 20. 3. 1952.

Preuß, Hugo: Staat, Recht und Freiheit. Aus vierzig Jahren deutscher Politik und Geschichte, Tübingen 1926.

Reifenberg, Gerhard: Die Bundesverfassungsorgane und ihre Geschäftsordnungen, Diss. Göttingen 1958.

Schack, Friedrich: Haben die Gerichte die Richtigkeit der Publikation von Gesetzen zu prüfen?, in JW 1922, S. 82 ff.
— Die Prüfungszuständigkeit des Bundespräsidenten in AöR, Bd. 89 (1964), S. 93 ff. (zitiert: Prüfungszuständigkeit).

Schäfer, Hans: Das materielle Prüfungsrecht bei der Ausfertigung von Gesetzen, in DVBl. 1951, S. 434 ff.
— Der Bundesrat, Köln und Berlin 1955 (zitiert: Bundesrat).

Scheuner, Ulrich: Probleme und Verantwortungen der Verfassungsgerichtsbarkeit in der Bundesrepublik, in DVBl. 1952, S. 293 ff.
— Die Rechtsprechung des Bundesverfassungsgerichts und das Verfassungsrecht der Bundesrepublik, in DVBl. 1952, S. 613 ff. (zitiert: Rechtsprechung).

Schmitt, Carl: Der Hüter der Verfassung, in AöR, Bd. 16 (N. F.), S. 161 ff.
— Verfassungslehre, 4. Aufl., Berlin 1965 (zitiert: Verfassungslehre).

Schneider, Hans: Die Regierungsbildung nach dem Bonner Grundgesetz, in NJW 1953, S. 1330 ff.

von Schulte, Johann Friedrich: Lehrbuch der deutschen Reichs- und Rechtsgeschichte, 5. Aufl., Stuttgart 1881.

Smend, Rudolf: Verfassung und Verfassungsrecht, München und Leipzig 1928.

Stampfer, Friedrich: Die ersten 14 Jahre der Deutschen Republik, Offenbach/Main 1947.

Stein, Friedrich — *Jonas*, Martin: Kommentar zur Zivilprozeßordnung, 18. Aufl. (bearb. von Adolf Schönke, fortgeführt von Rudolf Pohle), Bd. I, Tübingen 1953.

Stier-Somlo, Fritz: Deutsches Reichs- und Landesstaatsrecht, Berlin und Leipzig 1924.

Strauß, Walter: Der Bundespräsident und die Bundesregierung, in DÖV 1949, S. 272 ff.

Thoma, Richard: Das richterliche Prüfungsrecht, in AöR, Bd. 43 (A. F.), S. 267 ff.

Triepel, Heinrich: Der Weg der Gesetzgebung nach der neuen Reichsverfassung, in AöR, Bd. 39 (A. F.), S. 456 ff.

Vogel, Gustav: Die Ausfertigung von Reichsgesetzen, Diss. Greifswald 1926.

Vonderbeck, Hans-Josef: Der Bundesrat — ein Teil des Parlaments der Bundesrepublik Deutschland? Zur Bedeutung der parlamentarischen Repräsentation, Meisenheim am Glan 1964.

Weber, Max: Deutschlands künftige Staatsform, in: Gesammelte politische Schriften, München 1921.

Weber, Werner: Die Verfassung der Bundesrepublik in der Bewährung, Göttingen 1957.

Wertenbruch, Wilhelm: Für und wider das materielle Prüfungsrecht des Bundespräsidenten, in DÖV 1952, S. 201 ff.

Wolff, Hans J.: Verwaltungsrecht I, 6. Aufl. und II, München und Berlin 1965 und 1962.

Printed by Libri Plureos GmbH
in Hamburg, Germany